무, 최고의 상태

인생의 통증에 항복하는 삶의 기술

무, 최고의 상태

스즈키 유 지음
부윤아 옮김

해냄

이 책의 목적은

우리의 불안과 걱정을 깨끗하게 지우고,

마음속에 내재된 가능성을 되돌리는 데

도움을 주는 것입니다.

차례

여는 글   11

프롤로그 고 苦

1 __ 인류는 모두 부정적으로 태어났다   21

2 __ 생후 3개월의 유아도 천성적으로 부정적이다   24

3 __ 원시 세계에서는 부정적으로 민감한 사람이 적응했다   27

4 __ 인간은 정말로 괴로움에서 벗어날 수 없는 존재일까?   32

1장 자기 自己

1 __ 왜 침팬지는 반신불수가 되어도 행복할까?   37

2 __ 자신의 니즈가 충족되지 않은 상태   40

3 __ 진짜 괴로움은 두 번째 화살의 여부로 정해진다   44

4 __ 분노는 6초밖에 지속되지 않는다   48

5 __ 인간 이외의 동물은 내일의 일로 고민하지 않는다   51

6 __ 모든 괴로움은 자기의 문제에 귀착한다   54

7 __ 차라리 마음 같은 것은 없는 편이 좋지 않을까?   58

8 __ 자기는 생존용 툴박스이다   63

9 __ 역시 자기는 지울 수 없을까?   67

2장 허구虛構

1 __ 우리의 자기는 무엇으로 이루어져 있을까?　　　　　73

2 __ 인간의 뇌는 0.1초 만에 스토리를 만들어낸다　　　　77

3 __ 뇌가 만들어낸 시뮬레이션 세계　　　　　　　　　81

4 __ 문제는 정신력이 아니다　　　　　　　　　　　84

5 __ 자기는 이야기로 구성되어 있다　　　　　　　　87

6 __ 있는 그대로의 자신을 찾는 것이 불가능한 이유　　　92

7 __ 인류의 뇌는 현실보다 이야기를 중요하게 여긴다　　96

8 __ 정신의 취약성을 역이용한다　　　　　　　　102

3장 결계結界

1 ── 증거 기반의 결계　　　　　　　　　　　　　107

2 __ 왜 아프리카인은 환청에 시달리지 않을까?　　　111

3 __ 약의 크기가 커질수록 효능은 강해진다　　　　114

4 __ 내부로부터의 위협　　　　　　　　　　　　117

5 __ 세트를 정돈한다　　　　　　　　　　　　　121

6 __ 내수용성 감각을 단련한다　　　　　　　　　128

7 __ 세팅을 정돈한다　　　　　　　　　　　　　135

8 __ 내면에 결계를 친다　　　　　　　　　　　　145

4장 악법 惡法

1 __ 자기를 배우기 위해서는 어떻게 하면 좋을까?   149

2 __ 인간은 스스로 괴로워한다   152

3 __ 우리의 괴로움을 좌우하는 18가지 악법   155

4 __ 악법 스코어, 악법일지   173

5장 항복 降伏

1 __ 왜 피라항족은 세계에서 가장 행복할까?   187

2 __ 괴로움 = 통증 × 저항   190

3 __ 저항하는 사람과 항복하는 사람   196

4 __ 저항의 메커니즘   202

5 __ 과학자의 시선으로 저항을 분석한다   207

6 __ 워크시트로 항복 기술을 높인다   211

7 __ 똑바른 백성과 삐뚤어진 머리   219

8 __ 지금은 큰마음 먹고 항복하자   222

6장 무아 無我

1 __ 무아를 이끌어내는 작업   227

2 __ 선문답은 왜 어려울까?   230

3 __ 사고를 멈추면 미 센터도 멈춘다   234

4 __ 관찰 능력에는 항우울제에 필적하는 효과가 있다   238

5 __ 괴로움을 악화시키는 사람은 모든 것을 자신의 일로 받아들인다   241

6 __ 정지와 관찰의 성과를 좌우하는 5대 요소   246

7 __ 자기가 진정된 우리는 하나의 장소가 된다   264

8 __ 그렇다면 지금 살아 있는 자신은 누구일까?   267

에필로그 지혜智慧

1 __ 무아에 달한 자가 얻는 지혜의 경지   273

2 __ 무아는 우리를 어떤 인간으로 만들까?   277

3 __ 무아란 갖가지 욕망을 버리는 것이 아니다   284

4 __ 무아가 가져다주는 세계관의 변화 세 가지   287

닫는 글

정신 수양에 빠뜨릴 수 없는 다섯 가지 포인트   291

우리가 사라진 것은 지금 시작된 일이 아니다   296

참고문헌   298

걱정하는 일의 97퍼센트는 일어나지 않는다는 말을 들어본 적이 있는가. 우리가 안고 있는 고민이나 걱정의 대부분이 기우에 지나지 않는다는 것은 데이터로도 확인된 사실이다.

가장 유명한 연구는 웨일코넬 의과대학교 로버트 L. 레이히 교수의 연구로, 불안 장애가 있는 사람들에게 매일 걱정의 내용과 걱정했던 일이 실제로 일어났는지 2주 동안 기록하도록 지시했다.[1] 그 결과 다음과 같은 경향이 드러났다.

- 불안 장애인 사람이 안고 있는 걱정의 85퍼센트는 실제로 일어나지 않았다.
- 불안이 현실이 된 경우도 그중 79퍼센트는 예상보다 좋은 결과가 나왔다.

- 걱정했던 결과가 예상보다 나빴던 경우는 전체의 약 3퍼센트였다.

다시 말해 걱정의 97퍼센트는 처음부터 기우에 지나지 않았다. 이 결과에 공감하는 사람은 적지 않을 것이다. 중요한 프레젠테이션에 대한 압박감이나 건강 검진을 다시 해야 할 때의 두려움, 새로운 생활에 대한 불안 등 미리 걱정하던 일이 실제로는 별일 아니었던 경험은 누구나 있을 것이다. 그래서인지 세상에는 쓸데없는 고민을 버리자는 조언이 넘친다. 지금을 즐기자, 일단 행동하자, 작은 일은 무시하자, 자신답게 살자, 자신만의 중심을 갖자…….

하지만 이런 조언을 따른다고 해서 근본적인 문제가 해결되는 것은 아니다. 일시적으로 기분은 좋아지겠지만 "신경 쓰지 마"라는 말을 듣는 것만으로 고민이 해소된다면 스트레스 받을 일은 없을 것이다.

실제로 일본 후생노동성의 통계에 따르면 현재의 삶에 강한 스트레스를 느낀다고 대답한 노동자 수는 58퍼센트를 넘었고, 삶에 대한 괴로움과 불안을 매일 느끼면서 일을 하고 있는 사람의 수도 매년 증가하고 있다. 그중에서도 청년층의 설문 결과가 심각했다. 자신의 미래가 불안하다고 느끼는

10~30대의 일본인은 78.1퍼센트에 달하고, 걱정이 없다고 답한 사람의 수는 21.8퍼센트에 불과했다.[2] 최근 몇 년 사이 자살하는 사람의 수도 증가하여 10~39세의 사인 1위는 자살이라고 한다.[3]

이러한 문제는 한 나라에만 국한된 일이 아니다. 최근 국제 공동 연구에 따르면 평생 동안 우울증이나 불안 장애를 한 번 이상 겪는 사람이 30퍼센트를 넘는 국가도 드물지 않았다.[4] 특히 많이 나타난 고민은 다음과 같은 것들이었다.

- 정신적인 피로를 쉽게 느끼고 항상 피곤하다.
- 행복한 환경에 놓여 있는데도 어쩐지 행복하다고 느끼지 못한다.
- 불행하지는 않지만 사는 의미를 느낄 수 없다.
- 미래에 대한 전망이 밝지 않고 모든 것에서 도망치고 싶다.
- 타인의 별것 아닌 말에 상처받고, 그 말을 머릿속에서 지울 수 없다.

삶 속에서 괴로움을 느끼며 편안한 일상을 보내지 못하는 사람이 늘어나는 경향은 세계적인 현상인 듯하다. 실제로는 걱정의 97퍼센트는 일어나지 않는데도 현대인의 고통이 사라지지 않는 이유는 무엇일까?

표면적인 이유라면 얼마든지 생각해볼 수 있다. 회사의 방침에 짜증이 났기 때문에, 친구를 사귀지 못해 외로운 기분이 들어서, 사람들에게 인정받고 싶었지만 마음이 앞선 나머지 도리어 다른 사람에게 미움을 받았기 때문에, 살아가는 의미를 느끼지 못하기 때문에…….

이런 사고방식이 옳은지 그른지는 차치하고 모든 문제의 원인은 다르기 때문에 일일이 대처하는 것은 현실적이지 않다. 따라서 이 책에서는 포괄적으로 접근해보려고 한다. 그 단계를 대략적으로 정리하면 다음과 같다.

❶ 인생에서 느끼는 괴로움이 어떤 현상인지를 생각해본다.
❷ 갖가지 괴로움의 공통점을 자세히 들여다보고 보편적인 대책을 세운다.

병을 치료할 때나 사고가 재발하지 않도록 방지할 때도 근본적인 원인을 알지 못하면 대책을 세울 수 없다. 우리의 고민과 걱정도 마찬가지다. 애초에 괴로움이란 무엇일까? 이 의문을 파고들지 않는 한 아무리 작은 일은 신경 쓰지 말자고 스스로 다짐하더라도 이는 겉으로 드러난 증세만 일시적으로 완화시키는 것에 지나지 않는다. 아인슈타인이 말했듯이 우리가 직면하는 중요한 문제는 그 문제를 만들어낸 것과 같은 수준의 사고로는 해결할 수 없기 때문이다.

이러한 괴로움의 근본을 파헤치는 접근은 신경과학과 생물학 연구가 진행된 덕분에 가능해졌다. 그중에서도 뇌와 관련된 지식의 발전이 눈부시게 이루어져 현대에는 불안, 분노, 고독, 허무 같은 서로 다른 괴로운 감정에 대해 한 단계 높은 시점에서 대책을 세울 수 있게 되었다.

이 책의 목표는 다양한 괴로움의 문제를 개별적으로 다루는 것이 아니라, 우선 모든 괴로움의 공통점을 찾아내고 그 공통점을 바탕으로 보편적인 대책을 세워 우리의 정신 기능을 최고의 상태로 이끌어주는 것이다.

자세한 내용은 나중에 이야기하겠지만, 여기에서 말하는 최고의 상태란 우리 안에 내재된 판단력, 공감력, 호기심 같은 능력을 충분히 발휘할 수 있게 된 상태를 의미한다. 우리의 눈을 흐리게 만드는 불안과 생각이 사라지면, 그 결과 의사결정력과 타인에 대한 관용이 높아진다. 부정적인 사람은 마음이 안정되고, 긍정적인 사람은 더욱 행복해지면서 판단력이 높아지는 상태가 바로 최고의 상태이다.

이상한 이야기처럼 들릴 수도 있지만 어린 시절부터 인생의 괴로움과 맞서온 나 역시도 이 책에서 제시하는 방법들로 큰 도움을 받았다.

나는 어렸을 때부터 대인 불안과 소심함이 고민거리였다. 자그마한 실수에도 스트레스를 받고, 많은 사람과 대화를 한 후에는 정신적인 소모가 커서 잠에 빠졌다. 그러면서도 사람들에게 인정받고 싶은 마음은 누구보다 컸기 때문에 힘겨웠다. 그야말로 간은 콩알만 하고, 마음은 유리처럼 약했다. 그런 주제에 허세는 대포만큼 큰 상태였다.

하지만 10여 년 전부터 이 책에서 소개할 방법을 실천했더니 흥미로운 변화가 일어났다. 언젠가부터 문득 일이나 사람과의 관계에 스트레스를 받지 않게 되고, 생각의 방향 또한 '실패하면 어떻게 하지?'라는 걱정에서 '지금 상황을 더 좋게 만들려면 어떻게 하면 될까?'로 바뀌었다. 늘 얕은 호흡밖에 할 수 없던 내게 조금씩 깊은 호흡을 하는 감각이 생겼고, 지금은 예전과는 전혀 다른 안정감을 얻었다.

물론 내가 가진 타고난 약한 마음이 변한 것은 아니기 때문에 지금도 이따금 내면에서 다양한 부정적인 생각과 감정이 소용돌이친다. 그런 점에서는 아직 나도 배우는 중이지만, 괴로움과 지내는 방식이 예전과 달라진 것만큼은 틀림없다.

이 책에서 소개하는 방법은 대부분 신경과학과 뇌과학 데

이터를 바탕으로 하기 때문에 실제로 행하면 많은 도움이 될
것이다. 우리가 태어날 때부터 가지고 있는 능력을 100퍼센
트 이상으로 발휘하기 위해서는 괴로움의 족쇄에서 벗어나
는 수밖에 없다.

프롤로그

고

苦 | Suffering

1 인류는 모두 부정적으로 태어났다

"인생은 고苦다."

불교를 창시한 고타마 싯다르타는 2,500년 전에 이렇게 단언했다. 이 세상 모든 것은 괴로운 경험일 뿐이고 마지막에 생명이 끝나면 모두가 흙으로 돌아가는 것이 바로 인생의 진실이라는 말이다. 이 말에 자신도 모르게 거부감이 드는 사람도 많을 것이다. 내 인생이 최고로 행복하다고 말할 수는 없지만 살아가는 날들이 고통만으로 채워져 있지는 않다고 생각하기 때문이다.

하지만 석가가 사람들의 인생을 함부로 불행하다고 단언한 것은 아니다. 고대 인도에서 고苦, dukkha는 허무함, 불쾌함, 생각대로 되지 않는 일에 대한 조바심 등을 포함하는 폭넓은 개념으로 사용했다. 인생의 절망이나 고뇌처럼 거창한 상태만을 의미하지 않았다.

아무리 좋아하는 일을 하고 있어도 그 과정에서 단조로운 작업 때문에 지루해지거나, 계획대로 일이 진행되지 않아 화가 나는 일은 누구나 겪어봤을 것이다. 일상생활 속에서 뭔가 부족한 느낌이 들거나 문득 과거의 기분 나빴던 기억이 떠올라 슬픔에 잠기는 일도 있다. '만사태평해 보이는 사람들도 마음속 깊은 곳을 두드려보면 어딘가 슬픈 소리가 난다'고 일본의 대문호 나쓰메 소세키가 한 말처럼 말이다. 인생을 불만과 불쾌한 기분의 연속이라고 생각해보면 그렇게 실제 삶과 동떨어진 사고방식도 아닐 것이다. 간단히 말하자면 고타마 싯다르타는 '삶이 괴로운 것은 인간의 기본 설정'이라 했다고 할 수 있다.

이 사고방식은 과학적인 연구로도 증명되기 시작했다. 부정성 편향negativity bias이란 말을 들어본 적이 있을지 모르겠다. 인간은 긍정적인 정보보다 부정적인 정보의 영향을 받기 쉽고, 부정적인 요소일수록 더 기억에 남는다는 심리를 표현한 용어이다.[1] 예를 들어 회사에서 성과금을 받았는데, 바로 그날 아끼는 자동차의 엔진이 고장 나서 그 돈을 전부 수리 비용으로 썼다고 해보자. 한 달 후에 사람들은 어떤 일을 먼저 떠올릴까? 많은 사람이 성과금을 받은 기쁨은 잊어버리고 대신 수리비가 나간 것만 계속 떠올리며 괴로워할 것이다. 우리의 뇌는 부정적인 사건일수록 강하게 기억하도록 되어 있기 때문이다.

- 좋아했던 유명인이 스캔들을 일으켜 갑자기 보기도 싫어졌다.
- 선망했던 상사가 인종 차별적인 발언을 하는 바람에 거리를 두게 되었다.
- 프레젠테이션은 순조롭게 진행되었지만 딱 한 군데 틀린 부분이 머릿속에서 떠나지 않는다.

누구나 이런 경험을 해봤을 것이다. 미디어가 비극적인 뉴스를 계속해서 많이 내보내는 것도, 불안을 부추기는 페이크 뉴스가 더 빨리 확산되는 것도, 우리의 뇌가 부정적인 정보에 의식이 더 쉽게 향하도록 되어 있기 때문이다.

2 ——————— 생후 3개월의 유아도 천성적으로 부정적이다

부정성의 강도는 상황에 따라 긍정성보다 3~20배 정도 세진다고 한다. 소풍 가는 날에 비가 내렸다거나 넘어져서 다치는 정도의 일상적인 불행이라면 부정성의 강도는 긍정성의 약 세 배, 친구나 연인과의 싸움처럼 대인관계와 관련된 문제는 대여섯 배, 학대나 사고 같은 트라우마를 남길 법한 일의 경우 부정성의 강도는 20배 이상까지 올라간다.[2]

삼각형과 사각형의 단순한 캐릭터가 등장하는 짧은 애니메이션을 유아에게 보여줬을 때 흥미로운 반응을 보인 실험이 있다. 유아들은 서로를 도와주는 캐릭터에는 약 13초나 시선을 집중한 것에 비해 상대를 괴롭히는 캐릭터에는 불쾌한 표정을 보이며 단 6초만 바라봤다고 한다.[3]

태어난 지 3개월밖에 안 된 아이조차 기분 나쁜 캐릭터를 피하려고 한다는 사실은 인류에게 있어 부정성 편향이 보편적이라는 사실을 보여준다. 부정적인 자극에 더 강한 반응을 보이는 것은 결코 우리의 성격이 한쪽으로 치우쳐 있기 때문이 아니라 모든 인류가 갖추고 있는 공통 시스템 때문인 것이다.

게다가 인류는 더욱 불행하게도 긍정적인 정보일수록 쉽게 잊는다. 사회심리학자 데이비드 G. 마이어스는 인간의 행복감에 대해 여러 차례 조사한 결과 이런 결론을 내렸다. "열정적인 사랑, 정신적인 흥분, 새로운 소유에 대한 기쁨, 성공의 상쾌함 같은 모든 바람직한 경험은 그 순간에 한정적이다. 이 점은 아무리 강조해도 지나치지 않다."[4]

이 현상을 심리학에서는 쾌락의 쳇바퀴라고 부른다. 쳇바퀴 안에서 달리는 햄스터가 결코 앞으로 나아가지 못하는 것과 마찬가지로 인간의 기쁨도 같은 위치에 계속 머문다는 사실을 드러내는 말이다. 쾌락의 쳇바퀴의 존재는 몇 번이고 실제로 증명되었다. 그중에서도 특히 1978년에 복권 당첨자를 조사한 연구가 유명하다.[5] 그들의 심리를 조사해본 결과 대부분의 응답자가 당첨 직후에만 행복도가 올라갔고, 6개월 후에는 거의 모든 사람이 이전 심리 상태로 되돌아갔다. 거액의 당첨금을 손에 넣어도 우리의 행복은 높은 수준을 유지하지 못하는 모양이다.

복권 당첨 같은 엄청난 일까지는 아니라도 비슷한 경험은 누구에게나 있을 것이다. 또 다른 연구에 따르면 새로운 집으로 이사한 기쁨은 평균 3개월이면 희미해지고, 연봉이 올라간 기쁨은 6개월이면 사라지며, 좋아하는 상대와 연인이 된 행복도 6개월이 지나면 줄어들어 약 3년이 지나면 기본 수준으로 돌아간다고 한다.[6] 거금이 손에 들어오거나 사는 장소가 바뀌거나 사랑하는 사람과 연인 관계가 되어도 그 기쁨은 반드시 물거품처럼 사라진다.

3 ——— 원시 세계에서는 부정적으로 민감한 사람이 적응했다

정리하면 우리의 뇌는 감정과 관련하여 다음 두 가지 시스템을 갖추고 있다.

❶ 싫은 일은 오랫동안 기억에 남는다.
❷ 좋은 일은 빨리 잊어버린다.

행복은 금세 사라지는 데 반해 괴로움은 몇 배나 강하게 남아 있기 때문에 우리가 살기 힘들다고 느끼는 것은 당연한 일이다. 역시 인간의 정신은 괴로움이 기본 설정인 듯하다. 인체에 괴로움이 표준으로 갖춰진 이유는 인류가 생존하기에 유리하기 때문이다. 우리의 선조인 호모사피엔스는 약 20만 년전에 나타났다. 그들은 현대에는 생각할 수 없는 수준의 위

협에 시달리며 살아가야 했다.[7]

사냥을 나가면 사자나 뱀의 공격을 받고, 날씨가 좋지 않으면 배고픔에 시달려야 했으며 모기로 전파되는 말라리아나 뎅기열 같은 병에 감염되면 죽음을 기다리는 수밖에 없었다. 부족 사이에 싸움이 일어나면 목숨을 잃는 일도 있었는데, 수단 사막에서 발굴된 1만 5,000년 전의 유해에서는 팔다리를 묶인 채 타살된 흔적을 발견하기도 했다. 호모사피엔스가 살았던 환경에서는 포식, 기아, 전염병, 폭력이 일상다반사였다.

위협으로 가득한 환경에서 살아남기 위해서는 가능한 한 겁쟁이가 되는 것이 가장 적절한 해결 방법이다. 저 수상한 그림자는 맹수가 아닐까? 저기에서 피어오르는 연기가 적의 습격을 알리는 것은 아닐까? 동료가 냉정하게 대하는 것은 배신의 징후가 아닐까? 미묘한 이변을 놓치지 않은 사람일수록 틀림없이 후세에 유전자를 남길 수 있었을 것이다. 원시 환경에서는 부정적인 정보에 민감하게 반응하여 그 기억을 오래 보존한 사람일수록 적응을 잘한다고 할 수 있었다.

한편 긍정적인 정보에는 부정적인 정보만큼 비중을 둘 이유가 없었다. 예를 들어 사냥감이 풍부한 사냥터에서 사람이 죽은 적이 있다면 그 장소에서의 사냥은 피하게 마련이다.

사냥감을 얻지 못하더라도 한동안은 살아갈 수 있지만 만약 목숨을 잃는다면 되돌릴 수 없기 때문이다. 한 번의 실패가 생사를 나누는 환경에서는 위험을 알리는 정보의 가치가 현격하게 높았다.

이와 같은 감각은 현대인에게도 이어져 내려와 어떤 위험을 감지하면 우리의 뇌는 카테콜아민 등의 호르몬을 분비시켜 온몸에 경계 태세를 취하게 한다. 그 속도는 뇌의 이성 시스템이 작동하는 것보다 빠르기 때문에 받아들인 정보가 어디까지 옳은가를 판단할 여유가 없다.

그 결과 현대인의 마음은 기능 부전을 일으키기 시작한다. 위험이 가득했던 원시 세계에서는 도움이 되었던 경계 시스템이, 안전해진 현대에서는 제대로 작동하지 못하게 된 것이다. 대표적인 예로 페이크뉴스가 있다. 매사추세츠 공과대학교의 연구에 따르면 과학적으로 정확한 사실은 1,000명 이상 퍼지지 않는 데 반해 공포를 조장하는 거짓 뉴스는 10만 명 넘게 확산되었다고 한다.[8] 다름 아닌 원시의 마음이 과민하게 반응하는 현상의 전형이다.

현대인의 마음에 생기는 기능 부전으로는 그 외에도 다음과 같은 것이 있다.

고독감

최근 몇 년 사이 고독감은 세계적으로 증가하는 경향이 있다. 세계 237개국에서 약 4만 명을 대상으로 조사한 결과 젊은 세대일수록 외로움에 시달리는 현상이 보였고, 특히 개인주의 문화가 있다고 알려진 나라일수록 고독감이 강했다.[9] 2018년에는 영국 정부가 고독은 국가가 나서서 해결해야 할 사회문제라고 선언했고, 일본에서는 자신이 고독하다고 느끼는 15세 아이들의 비율이 29.8퍼센트에 달했다.[10] 아무리 SNS에서 팔로워 수가 많더라도, 아무리 많은 사람과 교류하고 있다고 하더라도 어째서인지 충족되지 않는 현대인의 마음을 엿볼 수 있다.

우울과 불안

우울과 불안이 증가하는 것 또한 세계적인 문제이다. 세계 26개 국가에서 약 15만 명을 대상으로 조사한 연구에서 각국의 행복 수준을 측정한 결과 현대에는 부유한 나라일수록 불안 장애를 겪는 사람의 수가 많아 국민의 건강을 해치고 있다는 결론이 나왔다.[11] 구체적으로 빈곤한 나라와 부유한 나라를 비교해보면 불안 장애 발병률이 세 배 넘게 차이가 났고, 역시 젊은 층일수록 이 문제를 쉽게 겪는다고 한다.

완벽주의

　많은 심리학자가 경종을 울리는 또 한 가지 문제는 완벽주의이다. 영국의 요크세인트존대학교 등의 메타 분석에서 여러 선진국 약 2만 5,000명의 데이터를 모아 살펴본 결과 1990년대 무렵부터 전 세계에서 완벽주의로 고민하는 사람이 점점 늘었다는 사실을 발견했다.[12] 또 다른 연구에서는 완벽주의인 사람일수록 실수와 실패에 취약하고 다른 사람의 시선이 두려워 자살을 선택하기 쉽다는 데이터도 나왔다.[13]

4 ——— 인간은 정말로 괴로움에서 벗어날 수 없는 존재일까?

태어날 때부터 유전자에 고통의 씨앗이 박혀 있고, 현대 특유의 기능 부전이 그것을 부추긴다. 이렇게 어려운 문제에 대해 우리는 무엇을 할 수 있을까?

말할 필요도 없이 유전자 문제에는 대처할 수 있는 방법이 없다. 그렇다고 환경을 바꾸는 데도 한계가 있다. 이제 와서 세계의 근대화를 멈추는 것은 불가능하고 현대의 삶을 그렇게 간단하게 바꿀 수도 없다.

물론 자잘한 대책이라면 얼마든지 생각해볼 수 있다. 긍정적으로 생각해보기, 자연에서 생활하기, 규칙적인 생활하기, 할 수 있는 것에 관심 돌리기, 인생의 목표 세우기, 자신을 칭찬하기, 잘 자고 운동하기와 같은 것들은 여러 연구에서도 어느 정도 스트레스 해소와 행복 증진에 효과가 있다는 사실이 확인되었다. 실천만 할 수 있다면 어떤 형태로든 효과를 얻을 수 있으니 조금이라도 인생의 고통이 줄어든다면 분명 시도해볼 만하다.

하지만 이런 방법으로는 인생에서 기댈 곳이 없는 근본적인 문제가 해결되지 않는 것 또한 사실이다. 어떤 수를 쓰더라도 인간의 기본 설정이 고통이라는 사실은 변함없다. 자잘한 대책은 격류에서 헤엄쳐나가려는 것이나 마찬가지다. 그어떤 행복이라도 모두 기본 수준으로 돌아가고 우리는 다시고통의 지배 아래에 놓인다.

결국 우리는 인생이란 무거운 짐을 지고 먼 길을 가는 것과 같다고 생각하는 수밖에 없는 것일까? 인간은 고苦에서 도망칠 수 없는 존재이니 도망치기를 포기하고 그저 숙연하게흙으로 돌아가야만 할까?

1장

자기

自己 ⏐ Self-concept

1 ——————— 왜 침팬지는 반신불수가 되어도 행복할까?

2006년, 교토대학교 영장류연구소에 살고 있는 침팬지 레오가 반신불수의 중태에 빠졌다. 병명은 척수염이었다. 거의 누워 지내게 된 레오를 위해 교수와 학생들이 곁을 지키며 간병하기 시작했다.[1] 목 아래쪽을 움직일 수 없어 자유로이 행동하지 못하고, 침대 위에서 몸이 계속 눌리는 부분은 혈액순환이 제대로 되지 않아 세포가 죽는 등, 견디기 힘든 통증이 전신을 계속 덮쳐왔다. 대부분의 인간이라면 절망적인 삶에 우울증이 오더라도 이상하지 않을 상황이었다.

하지만 레오에게 그런 모습은 보이지 않았다. 신체의 통증과 공복의 괴로움을 호소하기는 했지만 그 이상의 괴로움은 표현하지 않았고, 때로는 웃는 여유까지 보여준 것이다. 소변 검사에서도 스트레스 호르몬은 정상 수치를 유지했다. 레오는 반신불수라는 시련과 고통을 전혀 신경 쓰지 않았다. 착실하게 재활 훈련을 해낸 레오는 1년 만에 앉을 수 있게 되었고, 3년 후에는 보행 기능을 되찾았다. 인간이었다면 언제 절망에 빠져도 이상하지 않을 상황에서 레오는 언제까지나 평상심을 유지했던 것이다.

물론 이 에피소드는 동물이 고통을 느끼지 않는다는 의미가 아니다. 괴로움은 포유류라면 모두가 보편적으로 느끼는 감정이다. 인도의 동물보호구역에서는 나이가 들어 죽음을 맞이한 코끼리를 동료 무리가 둘러싸고 눈물을 흘리는 장면이 종종 목격되고 있다. 또 무리에서 떨어져 나온 염소는 육친이 죽었을 때 주파수와 같은 울음소리를 내고, 먹이 분배가 공평하지 않다는 것을 눈치챈 원숭이는 사육사에게 털을 세우고 분노를 표현하며, 자식을 잃은 어미 고래는 새끼의 사체를 이고 다님으로써 나름의 장례 의식을 치른다.

각각의 개체가 어떤 감각을 느끼는지는 정확하게 판단할 수 없지만, 최근에는 MRI 연구가 발전하면서 부정적인 일에 활성화되는 뇌 부위가 인간과 동물 모두 똑같다는 것을 알게 되었다.[2] 이런 내용을 감안해볼 때 모든 포유류에게는 괴로움의 감정이 있다고 보는 것이 자연스러울 것이다.

하지만 동물과 인간에게는 한 가지 중요한 차이가 있다.

그것은 포유류는 괴로움을 복잡하게 만들지 않는다는 점이다. 인간이라면 몇 년은 계속해서 괴로워할 비극이 일어나더라도, 불안으로 잠들지 못하는 역경이 덮쳐와도, 동물은 짧은 시간 동안만 부정적인 감정을 드러낼 뿐 바로 이전 상태로 되돌아간다. 인간이 사육하는 동물 중에는 우울증이나 신경증에 가까운 행동을 보이는 일도 있지만, 야생의 동물이 만성적인 불안과 우울로 고생하는 케이스는 물론 정신 질환이 관찰된 경우도 없다.[3]

2 ——————

자신의 니즈가
충족되지 않은 상태

다른 사람으로부터 험담을 듣고 끊임없이 화를 내거나 자신의 실패를 계속해서 부끄러워하고, 알 수 없는 미래와 건강 염려증으로 지칠 줄 모르는 불안을 안고 살아가는 생물은 지구상에서 인간뿐이다. 같은 포유류면서도 인간만이 괴로움을 악화시키는 이유는 무엇일까?

우리는 이에 대한 답을 동물보다 높은 지성에서 찾으며 대수롭지 않게 넘어가기 쉽다. 동물은 노후를 위해 필요한 자산을 계산하는 지성이 없을 뿐만 아니라 과거의 실패를 후회할 정도의 지능도 없다. 인간처럼 복잡한 고민이 없으니 심각한 괴로움을 느낄 리 없다고 생각할 수 있는 것이다.

그렇지만 이런 사고방식으로는 침팬지 레오가 보인 태도를 해명할 수 없다. 반신불수로 목 아래를 움직일 수 없을 정도의 괴로움은 동물이든 인간이든 큰 차이가 없을 것이다. 그런데도 동물만이 평상심을 유지하는 것은 무언가 인간에게 특별한 이유가 있기 때문이라고 생각해볼 수 있다.

이 의문을 해결하기 위해 다시 한번 감정에 대해 생각해보자. 우리는 과연 어떤 상황에서 괴로움을 느낄까? 부정적인 감정에 휩싸였을 때 우리의 내면에는 어떤 변화가 일어날까? 예를 들어 다음과 같은 장면을 상상해보자.

- 아이가 말을 듣지 않아서 자신도 모르게 소리를 지르며 화를 냈다.
- 친구에게 메시지를 보냈는데 답이 없어서 마음이 초조해졌다.
- 일을 열심히 해도 연봉이 올라가지 않아서 일할 의욕이 사라졌다.
- 상사와 동료에게 거짓말한 게 들켜서 도망치고 싶었다.

분노, 불안, 슬픔, 부끄러움, 허무함. 모두 무척 일시적인 감정이지만 발생한 괴로움의 종류는 제각각 다르다. 이런 감정을 느끼는 다양한 상황들의 공통점은 대체 무엇일까?

결론부터 말하자면 부정적인 감정을 느끼는 모든 상황은

자신의 니즈가 충족되지 않은 상태라고 정리할 수 있다. 다른 사람이 내가 하는 말을 들어줬으면 좋겠다, 친구의 반응을 알고 싶다, 동료를 계속해서 신뢰하고 싶다, 유식하게 보이고 싶다, 노력을 보상받고 싶다…….

겉으로 드러난 감정은 제각각 다르지만 아무런 불만이 없는 상태에서 그저 부정적인 감정을 끊임없이 느끼는 사람은 없을 것이다. 근본적인 바탕에는 전부 소중한 것을 잃었다거나 필요한 것이 부족하다는 느낌이 분명히 존재한다. 다시 말해 우리의 괴로움은 자신에게 부족한 부분을 알리는 메신저로 기능하고 있다.

이러한 기능은 인류 진화 과정에서 그 형태가 만들어졌다. 개개의 감정이 어떻게 진화했는지에 대해서는 여러 의견이 있지만 우선은 공포와 기쁨처럼 개체의 생존에 도움이 되는 감정이 제일 먼저 탄생했다고 보고 있다. 공포는 우리에게 외부의 적으로부터 몸을 보호하는 행동을 하게 만들고, 기쁨은 식량과 생식의 기회를 놓치지 않도록 기분을 북돋우기 때문이다.

이어서 우리의 선조가 집단생활을 시작하자 뇌 안에는 또 다른 감정이 깃들었다. 다른 사람과의 생활은 혼자 생활하는 것보다 더욱 복잡해지기 때문에 가능한 한 주위의 도움을 받고, 배신할 가능성을 줄여야만 했던 것이다. 이에 따라 진화의 압력이 이번에는 부끄러움, 질투, 애정 같은 신기능을 우리에게 새롭게 심어주었다. 그것은 사회적 감정이라고 불리는 발상으로 다음과 같은 기능이 있다고 알려져 있다.

- 분노 = 자신에게 중요한 경계가 파괴되었음을 알린다.
- 질투 = 중요한 자원을 다른 사람이 가지고 있음을 알린다.
- 공포 = 아주 가까운 곳에 위험이 존재할 가능성을 알린다.
- 불안 = 좋지 않은 무언가가 접근하고 있음을 알린다.
- 슬픔 = 중요한 무언가를 잃었다는 것을 알린다.
- 부끄러움 = 자신의 이미지가 무너졌음을 알린다.

만약 이런 감정이 없었다면 자신의 신변에 다가오는 위험을 감지하지 못하고 중요한 것을 빼앗겨도 되찾으려고 시도조차 하지 않을지 모른다. 이런 의미에서 부정적인 감정은 적이 아니라 우리를 지켜주고자 하는 걱정 많은 부모와 같은 존재라고 말할 수 있다. 그런데 우리 인류만이 괴로움을 악화시키는 이유는 어디에 있을까?

3 ——————— 진짜 괴로움은
두 번째 화살의 여부로 정해진다

가장 원시적인 형태의 불교 경전으로 알려진 『잡아함경雜阿含經』에 이런 이야기가 있다.

지금으로부터 2,500년 전, 고대 인도의 마가다 왕국에 있었던 죽림정사竹林精舍에서 석가가 제자들에게 문제를 냈다. "일반 사람도 불교도도 똑같은 인간인 것은 변함없다. 그렇기 때문에 불교도 역시 기쁨을 느끼고, 때로는 불쾌한 기분을 느끼고, 근심이 생길 때도 있다. 그렇다면 일반인과 불교도는 무엇이 다를까?"

흔히 깨달음을 얻은 인간이라면 어떤 일에도 마음이 흔들리지 않을 거라고 생각한다. 하지만 그들 역시 실제로는 희

로애락이라는 감정을 가진다는 점에서 보통 사람과 다르지 않다. 정말로 중요한 차이는 다른 곳에 있다. 석가는 위의 문제에 곤혹스러워하며 입을 다물고 있는 제자들에게 이렇게 답했다.

"일반인과 불교도의 차이는 두 번째 화살의 여부에 있다."

생물이 살아남는 과정에서 어느 정도의 괴로움은 피할 수 없다. 포식자의 습격, 고르지 못한 기후로 발생한 굶주림, 예상하지 못한 병 등 다양한 고난은 누구에게나 평등하게 찾아온다. 여러 가지 괴로움은 무작위로 발생하며 아무리 뛰어난 지성을 갖추고 있다고 해도 예측할 수 없다.

이것이 첫 번째 화살이다. 모든 생물은 생존에 동반되는 근본적인 고난에서 도망칠 수 없기 때문에 최초의 괴로움만은 받아들일 수밖에 없다. 이 절대적인 사실을 『잡아함경』에서는 첫 번째 화살이 꽂힌 상태에 비유했다.

그런데 여기에서 많은 사람은 두 번째 화살을 쏜다. 만약 자신이 침팬지 레오처럼 반신불수가 되어 의식은 또렷한데 평생 누운 상태로 도움을 받을 수밖에 없다고 생각해보자. 이 경우 첫 번째 화살은 당연히 반신불수에 따른 고통 그 자체이다. 신체가 만족스럽게 움직이지 않는 최초의 고통만큼은 어떻게 해도 바꿀 수 없다. 그런 상태가 되면 인간은 이어서 이런 생각을 한다. 왜 나에게만 이런 일이 일어났을까? 몸을 움직일 수 없게 되면 가족은 어떡하지? 사람들에게 평생 도움을 받으려니 면목이 없어, 이제 인생은 끝났어…….

이것이 두 번째 화살이다. 반신불수라는 최초의 화살에 반응하여 뇌가 다양한 생각을 만들어내고, 거기에 부수적으로 나타난 새로운 분노, 불안, 슬픔이 차례차례 찾아와 결국에는 괴로움이 점점 깊어진다. 반신불수라는 극한 상태까지 가지 않더라도 두 번째 화살은 누구나 경험하는 심리이다.

- 상사가 부당하게 문책할 때(첫 번째 화살), 자신이 잘못한 것인지, 아니면 상사가 리더 자격이 없는 것인지 고민한다(두 번째 화살).
- 동료가 나보다 먼저 승진한 것에 대해(첫 번째 화살), 나는 능력이 없다며 자신을 탓한다(두 번째 화살).
- 저축이 줄어든 것에 대해(첫 번째 화살), 이대로 가다가는 생활이 힘들어질 것이라는 불안이 점점 심해진다(두 번째 화살).

그런데 현대에는 화살의 수가 두 개로 끝나면 차라리 괜찮은 편이다. 세 번째, 네 번째 화살이 연이어 꽂히는 사람도 적지 않기 때문이다. '저축해놓은 돈도 없는데 큰일이네(두 번째 화살). 이게 다 내 계획성과 인내심이 없는 게 문제야(세 번째 화살). 얼마 전에 회사에서 상사에게 지적받은 것도 일정을 제대로 짜지 못한 탓이었지(네 번째 화살).'

이런 식으로 최초의 고민이 또 다른 고민을 불러들이고 같은 고민이 머릿속에서 반복해서 떠오르는 상태를 심리학에서는 반추사고라고 한다. 소가 음식물을 위에서 되돌려 되새김질하듯이, 잊고 있던 과거의 실패나 미래에 대한 불안을 몇 번이고 머릿속에서 다시 떠올리는 것을 가리키는 말이다.

반추사고의 피해는 헤아릴 수 없을 정도이다. 여러 메타 분석에서 우울증과 불안 장애와의 강한 상관관계가 나타난 것은 물론이고 반추사고가 많은 사람일수록 심장병과 뇌졸중의 위험도 높으며 젊은 나이에 사망할 확률이 높은 경향도 보고되고 있다.[4] 늘 머릿속에서 부정적인 사고나 이미지가 소용돌이치고 있다면 머지않아 마음에 병이 생기는 것도 당연할지 모르겠다.

4 ——————— 분노는 6초밖에 지속되지 않는다

뭐라 말할 수 없이 괴로운 상황이지만, 만약 첫 번째 화살만으로 괴로움을 끝낼 수 있다면 어떨까? 병이 가지고 오는 최초의 고통은 피할 수 없지만, 거기에서 스스로 자신에게 두 번째 화살을 쏘지 않는다면 괴로움이 괴로움을 부르는 악순환에 빠지지 않을 수 있다. 그 결과 괴로움은 금세 사라지고 남은 에너지를 좀 더 긍정적으로 사용할 수 있게 된다. 엉뚱한 이야기처럼 들릴지도 모르겠으나 결코 뜬구름 잡는 이야기가 아니다. 그 증거로 최근 연구에서는 첫 번째 화살의 위협이 생각만큼 오래 지속되지 않는다는 사실이 밝혀졌다.

예를 들어 누군가에게 폭언을 들었다고 해보자. 이때 뇌에서는 대뇌변연계가 아드레날린과 노르아드레날린 등의 신경전달물질을 분비하여 마음과 몸을 전투태세로 바꾼다. 분노로 몸이 뜨거워지고 전신의 근육이 경직되는 것은 이런 신경전달물질이 작용하기 때문이므로 그대로 아무런 대처를 하지 않으면 순간적으로 상대에게 폭언을 내뱉거나 폭력을 휘두르는 반응을 일으킬 것이다. 하지만 그때 조금만 기다리면 인간의 이성을 관장하는 전두엽이 대뇌변연계를 통제하기 시작하여 조금씩 신경전달물질의 영향을 줄여간다. 전두엽이 작동하기까지의 시간은 평균 4~6초이고, 그로부터 10~15분만 지나면 아드레날린과 노르아드레날린의 영향력은 거의 사라져 분노는 진정된다. 다시 말해 폭언을 들은 순간부터 6초만 잘 견디면 첫 번째 화살의 통증은 사라진다는 것이다.

이와 같은 전략은 눈앞의 유혹을 뿌리치고 싶을 때에도 사용할 수 있다. 영국 플리머스대학교의 실험에서는 우선 피험자에게 지금 가장 먹고 싶은 것을 생각해보라고 지시한 후 과자나 커피, 담배 등 좋아하는 것을 자유롭게 떠올리도록 함으로써 욕망을 불러일으켰다.[5] 이어서 피험자 중 절반에게 3분 동안 테트리스를 플레이하게 했더니 재미있는 변화가 일어났다. 게임을 하며 시간을 보낸 그룹은 그렇지 않은 피험자에 비해 갈망의 정도가 24퍼센트나 내려갔고, 카페인과 니코틴에 그다지 매력을 느끼지 않았다고 한다.

이러한 현상이 일어난 이유는 앞에서 말한 아드레날린과 마찬가지로 신경전달물질의 영향력이 줄어들었기 때문이다. 보통 원하는 것이 앞에 있을 때 인간의 대뇌는 도파민이라는 호르몬을 분비하여 욕망을 끓어오르게 만든다. 도파민은 인간의 의욕을 가동시키는 물질로, 일단 그 영향을 받으면 그로부터 도망칠 수 있는 사람은 거의 없다.

그런데 욕망을 느낀 직후에 테트리스로 뇌의 주의를 일시적으로 다른 곳으로 돌리면 얼마 지나지 않아 도파민의 지배력이 떨어지고 전두엽이 자기 컨트롤 능력을 되찾는다. 도파민의 지속 시간은 평균 10분 전후로 그 시간만 참으면 자신의 욕망에 흔들리지 않고 첫 번째 화살만으로 괴로움을 끝낼 수 있다는 의미다.

5 ───────── 인간 이외의 동물은 내일의 일로 고민하지 않는다

신경전달물질의 작용이 몇 분이 채 안 되는데도 우리가 고민을 계속하는 것은 두 번째 화살을 연달아 맞기 때문이다. 그냥 두면 사라질 감정에 기름을 부어 신경전달물질의 영향을 스스로 부추기는 것이다. 만약 누군가의 불쾌한 말에 상처받았다거나 갑자기 미래에 대한 불안감이 덮쳐오더라도 신경전달물질이 줄어들기만을 기다리면 쓸데없이 고민을 증폭시키지 않고 지나갈 수 있다. 이것이 바로 침팬지 레오의 내면에서 일어났던 일이다.

반신불수가 된 시련에도 레오가 절망하는 모습을 보이지 않았던 이유에 대해 동물심리학자이자 영장류학자인 마쓰자와 데쓰로는 이렇게 설명한다. "침팬지는 내일의 일을 끙끙거리며 생각하지 않기 때문이다." 인간 이외의 동물은 과거와 미래를 깊이 생각하지 않고 거의 눈앞의 세계만을 보며 살아간다. 그렇기 때문에 동물은 과거의 실패나 미래의 불안으로 고민하지 않고 평상심을 유지할 수 있다는 주장이다.

그러고 보면 우리의 고뇌는 대부분이 미래나 과거와 관련되어 있다. 어린 시절에 경험한 실패를 다시 떠올리며 괴로워하고, 몇 년 전에 친구에게 들었던 악담 때문에 다시 화가 나거나 노후의 자신을 떠올려보며 불안에 시달린다. 눈앞에 없는 과거와 미래를 상상할 수 있는 능력이 우리를 깊이 고민하게 만드는 것이 틀림없다.

아쿠타가와 류노스케의 에세이 『난쟁이 어릿광대의 말』에서도 비슷한 내용을 볼 수 있다. "새는 현재만을 산다. 하지만 우리 인간은 과거와 미래에서도 살아가야만 한다. 새는 행복하게도 이 고통을 모른다. 아니, 새에 한정된 것만은 아니다. 과거, 현재, 미래의 고통을 아는 것은 우리 인간에게만 해당하는 일일 뿐이다."

현재만을 살아가는 동물에게는 과거와 미래를 생각하는 괴로움이 없다. 그러므로 동물들은 두 번째 화살을 연이어 맞지도 않는다. 넓은 시간 감각을 가진 인간만이 괴로움을 악화시킨다고 아쿠타가와는 생각한 것이다.

하지만 과거와 미래를 고민하지 말고 현재를 살자고 한들

바로 그렇게 할 수 있는 사람은 없다. 인간의 타고난 부정적인 심리와, 동물과는 다른 시간 감각은 진화의 과정에서 유전자에 새겨진 기본 시스템의 작동에 따른 것이기 때문이다. 현재를 사는 것이 정론이라고 머리로는 알고 있어도 자신도 모르게 지나온 세월이나 앞으로 가야 할 길을 걱정하는 것이 인간이다.

유전자는 컴퓨터처럼 가볍게 업데이트할 수 없고, 인류에게 괴로움을 일으키는 시스템은 상당히 견고하다. 그렇다면 역시 우리가 첫 번째 화살만으로 괴로움을 끝내는 것은 불가능한 일일까?

6 ——————— 모든 괴로움은
자기의 문제에 귀착한다

　지금까지 한 이야기를 다시 한번 살펴보자. 우선 중요한
부분은 인간이 안고 있는 부정적인 감정은 니즈가 충족되지
않았다는 신호라는 점이다. 분노, 불안, 슬픔 등의 감정은 전
부 우리에게 무언가 중요한 것이 부족할 가능성을 알리는 기
능을 가지고 있다.

　그리고 또 한 가지, 인간이 괴로움을 악화시키는 것은 우
리가 눈앞의 세계만을 살지 못하기 때문이다. 공포와 불안의
감정은 미래에 일어날지도 모를 위험의 가능성 때문에 생기
고, 분노와 슬픔은 과거에 일어났던 부정적인 기억이 작용하
여 생긴다. 과거와 미래를 상상하는 능력 덕분에 인류는 세
상을 압도할 힘을 갖게 되었지만 동시에 고뇌의 불씨에 기름
을 붓는 원흉이 되기도 했다.

이와 같은 내용을 바탕으로 따져보면 모든 것이 자기의 곤란으로 통한다는 점을 알 수 있다. 그렇다면 이 말의 의미는 무엇일까?

우선 여기에서 말하는 자기는 '내가 다른 사람과 다른 존재이면서 항상 동일한 인간이라는 감각'이라고 정의한다. 당연하지만 만약 나의 모습과 완전히 닮은 사람이 있다고 하더라도 그 사람과 나는 서로 다른 사람이다. 또 자국에 있든 외국에 있든 나는 항상 동일한 인물이고, 어렸을 때와 비교해서 지금 모습이 아무리 변했다고 하더라도 역시 나를 동일한 인물로 인식할 것이다. 어떤 장소에 있더라도 어떤 시간대를 보내고 있더라도 나는 한결같이 존재한다는 감각을 우리에게 느끼게 해주는 것이 자기이다.

자기를 파악하는 방법에 대해서는 과학 분야에서도 아직 많은 의론이 있다. 관련된 이론으로는 인지적 자기, 대화적 자기, 매몰적 자기, 경험적 자기 등 수십 종류에 달하는 패턴이 존재한다. 하지만 '나는 항상 동일한 인간이라는 감각'이라는 점에서는 인지과학이나 심리철학에서도 거의 의견이 일치하므로 우선 그 정의를 출발점으로 삼아보자.

나는 나라는 감각이 인류의 괴로움에 영향을 미치는 이유는 자기가 감정과 시간의 기준점으로 작용하기 때문이다. 예를 들어 상사에게 아무런 이유도 없이 야단맞았다고 생각해 보자. 이때 분노를 느낄지, 슬픔을 느낄지는 사람마다 제각각 다르겠지만 '야단맞았다'는 경험은 바로 대뇌변연계를 자극하여 온몸을 부정적인 감정에 휩싸이게 만든다. 이 경보 시스템이 발동하는 데는 몇 초도 걸리지 않고, 우리는 그것을 막을 방법이 없다.

거기에 더해 우리에게 있는 자기가 일을 더 복잡하게 만든다. '내가 야단맞는 것은 불합리하다', '내가 실수를 한 걸까?', '잘못한 사람은 내가 아니라 저 사람이다'라는 식의 부정적인 사고는 자기를 바탕으로 펼쳐지기 시작해 가만히 두면 가라앉았을 기분 나쁜 감정을 증대시킨다. 그것만으로 끝나면 그나마 다행이다. 연이어서 자기를 중심으로 사고가 과거와 미래를 향해 펼쳐지기 시작하면 사태는 더욱 악화된다.

'나는 한 달 전에도 비슷한 일로 야단맞았다', '내 미래는 대체 어떻게 될까……' 이렇게 우리의 괴로움이 길어지는 상황에는 반드시 자기가 개입하게 되고, 눈앞에 존재하지 않는 과거와 미래에 대한 머릿속 이미지가 우리에게 두 번째 화살을 쏜다. 우리는 자기를 중심으로 부정적인 사고와 이미지를 증대시켜 결국 괴로움을 복잡하게 만드는 생물이다.

사실 많은 선행 연구에서 자기에 집착하는 사람일수록 정

신적으로 무너지기 쉬운 경향이 있다고 여러 번 보고되어왔
다. 전문적으로는 자기초점이라고 불리는 상태로 '나는 쓸모
없는 인간이다' 혹은 '나는 실패만 한다'는 등의 부정적인 사
고가 좋지 않은 것은 물론이고 '나는 어떤 인간일까?', '진정
한 나답게 살고 있는 걸까?'라는 고민을 하며 이상적인 자기
에 대해 오랫동안 생각하는 사람 역시 불안과 우울의 병증을
일으키기 쉽다고 알려져 있다.[6]

자기초점으로 정신적인 병을 앓는 이유는 자기와 관련된
사고가 부정적인 방향으로 향하기 쉽기 때문이다. 내 나이
대 사람들보다 연봉이 낮다고 침울해하거나, 과거의 실패를
자책하거나, 나만 손해 보고 있다고 느끼며 다른 사람을 원
망하는 등의 경험은 누구나 있을 것이다. 때로는 나는 잘하
고 있다고 생각할 때도 있겠지만 앞에서 봤듯이 인간은 태어
날 때부터 부정적인 사고 시스템을 내부에 갖추고 있는 생물
이다. 많든 적든 자기가 관여하는 사고는 부정적인 방향으로
향하여 우리에게 두 번째 화살을 더 많이 쏘게 한다.

7 ——————— 차라리 마음 같은 것은
없는 편이 좋지 않을까?

자기를 괴로움의 원인으로 보는 발상은 고대부터 존재했다. 힌두교 경전 『바가바드 기타』에서 크리슈나 신은 자기야말로 자신의 적이라고 말했고, 노자는 무위자연無爲自然이라는 말로 자의식에 따른 작위를 비판했다. 고대 그리스에서 활약했던 스토아학파 철학자들도 자기를 이성으로 제어하라고 입을 모아 말했다.

그중에서도 나카지마 아쓰시의 대표작 『산월기』는 자기에 대한 묘사가 뛰어나다. 이 작품의 주인공인 이징은 시인으로 명성을 얻기 위해 관료의 자리마저 내려놓지만 결국 실패한다. 다시 이전 자리로 되돌아간 것까지는 좋았으나 자존심과 수치심으로 사람들과 교류하지 못하고 결국 알 수 없는 힘에 의해 호랑이의 모습으로 변해버린다. 이야기 후반에 이징은 오래전 친구에게 이야기한다.

"짐승이든 인간이든 원래는 다른 무언가였을 것이다. 처음에는 그 사실을 기억하지만 차츰 잊어버리고 처음부터 지금의 형태였다고 굳게 믿고 있는 것은 아닐까? 아니, 그런 것은 아무래도 좋다. 자기 안에 있는 인간의 마음이 완전히 사라져버리면 아마도 그렇게 되는 편이 자신에게는 더 행복할 것이다."

자신을 향해 두 번째 화살을 계속해서 쏘아왔던 주인공은 결국 짐승이 되는 편이 행복하다는 결론에 이른다. 분명 자기를 잃어버리면 고통을 받는 주체도 사라지고, 미래와 과거는 지워져 모든 것이 현재에 귀속된다. 모든 것의 원흉이 자기에 있다면 사람의 마음 따위 잃어버리는 편이 좋다고 생각하는 것은 당연하다.

다만 여기에서 많은 사람이 과연 자기를 지울 방법이 있는지 의문이 들 것이다. 내가 나인 것은 어떻게 해도 변하지 않는 사실이다. 인간은 태어나서 죽을 때까지 자신 이외의 무엇도 될 수 없다. 내가 나를 지운다고 하면 그 지워진 나는 무엇이었을까? 자의식과잉이나 자기 과시욕을 억제하는 정도라면 이해하겠지만 자기를 지운다는 발상에는 근본적인 모순이 있지 않을까?

지극히 당연한 생각이고 과거에도 많은 철학자와 종교가가 자기에 대한 의문과 씨름해왔다. 그 의문에 대한 답은 제각각 달랐다. 자기를 자아의 지배자라고 여긴 니체, 마음과 육체의 관계를 강조한 키르케고르, 자신의 관점에서 본 자아와 타인의 관점에서 본 자아의 관계성에 중점을 둔 조지 미드 등 무수한 이론이 존재한다. 대부분 난해한 이론뿐이어서 이해하기 위한 단서를 찾는 것조차 쉽지 않다.

하지만 다행히도 최근 몇 년 사이 인지과학과 뇌과학이 발달하면서 자기를 더욱 쉽게 이해할 수 있는 이론이 만들어졌다. 그것은 자기란 우리의 내면에 상주하는 절대적인 감각이 아니고, 우리의 감정을 지배하는 상위 존재도 아니며 특정 기능의 집합체에 지나지 않는다는 점에 착안된 것이다.

아미나이프를 생각해보자. 아미나이프는 단순히 나이프로 사용될 뿐만 아니라 병따개, 가위, 드라이버, 줄 등 다양한 기능을 갖추고 있다. 마찬가지로 '자기=기능의 집합체'라는 사고방식 역시 아무리 자기가 단일한 존재처럼 보여도 실제로는 다양한 도구를 갖춘 하나의 패키지라고 간주한다.

이것이 마냥 엉뚱한 발상은 아니다. 앞에서도 살펴보았듯이 우리의 감정은 인류의 진화에 따라 생겨났고, 생존에 필요한 메시지를 우리에게 보내는 기능을 갖고 있다. 마찬가지로 나는 나이고 다른 사람이 아니라는 감각 또한 어떤 역할을 하기 위해 진화해왔다고 생각할 수 있다.

미국 노던일리노이대학교의 인지과학자 존 스코론스키는 인류가 자기를 갖춘 것은 25만 년 전에서 5만 년 전 무렵이라고 추정했다.[7] 인류의 선조인 호모 에렉투스가 이전까지 30~50명 단위의 생활을 그만두고 150~200명 정도의 집단생활을 하게 된 것은 약 40만 년 전의 일이다. 그 덕분에 그들은 동료와 협심하며 외부의 적으로부터 몸을 지킬 수 있게 되었고, 일상생활은 현격히 안전해졌다.

하지만 집단생활은 동시에 여러 가지 과제를 만들었다. 식량의 획득과 분배를 둘러싼 다툼이 증가함은 물론, 생식 상대를 찾는 일에 동반되는 문제들이 격화되고 자원을 독점하려는 배신자가 나타나는 등 현대에도 존재하는 사회적인 문제가 일어나기 시작한 것이다.[8] 이런 변화 속에서 살아남기 위해서는 다음과 같은 능력이 요구되었다.

- 다른 사람과의 순조로운 커뮤니케이션을 통해 자신이 배신당하지 않을지 예측한다.
- 다른 사람에게 어떻게 보일지 예측하여 기대되는 행동을 취한다.

잠재적인 배신자를 탐지하기 위해서는 '내가 이렇게 생각할 거라고 상대는 생각하고 있지 않을까?'라는 복잡하게 얽힌 예측이 필요하게 되었고, 다른 사람의 기대에 따르기 위해서는 '그 사람은 이렇게 생각할 것이라고 내가 자각하고 있다'라는 복잡한 인식이 요구되었다.

이러한 모든 과정에는 명백하게 고도의 지성이 필요하다. 이런 수요에 따라 진화의 압력은 인류의 대뇌피질을 비대화시키고 집단 안에서 자신의 포지션을 추상적으로 생각하는 능력을 발달시켰다. 이것이 지금 우리가 가지고 있는 자기의 기원이다.

8 ——————— 자기는 생존용 툴박스이다

인류의 자기에 관한 가장 오래된 증거는 잠비아의 트윈리 버스 동굴에서 발견한 안료이다. 산화철을 주성분으로 하는 돌에서 만든 붉은색 도료로 대략 26~30만 년 전에 화장으로 몸을 치장하기 위해 만들어진 것으로 추정된다. 그야말로 자기의 싹이 튼 것을 보여주는 사례이다.

시대가 더 지나 이스라엘 북부의 유적에서는 '베레카트 람의 비너스'라고 불리는 25만 년 전의 여성상이 출토되었다. 9만 년 전의 동굴 유적에서는 인류사에서 처음으로 죽은 사람을 애도한 흔적이 발굴되었고, 남아프리카 유적에서도 유골을 사용한 7만 년 전의 장식품이 발견되었다. 모두 자기와 타자의 구별이 없었다면 존재할 수 없었던 것들이다. 이런 것들에 비춰보면 적어도 25만 년 전에는 자기의 초기 형태가

나타났다고 볼 수 있다.[9]

이런 연구 등을 참조하여 최근의 신경심리학에서는 인간의 자기가 가진 작용을 세세하게 분류했다.[10]

❶ 인생의 기억

'5년 전 여행이 즐거웠다', '그때 인연이 지금 직업으로 이어졌다' 같은 과거에 있었던 일을 에피소드로 떠올리는 기능.

❷ 성격의 요약

'나는 대인관계가 좋다', '나는 내향적인 사람이다' 같은 자신의 성격에 대해 대략적인 개요를 파악하는 기능.

❸ 감정의 파악

'나는 슬프다', '나는 화가 났다' 등 외부 변화에 대해 신체가 발신하는 신호를 감정으로 파악하는 기능.

❹ 사실의 인지

'나는 45세이다', '나는 아시아인이다' 같은 자신에 관련된 단순한 사실을 이해하는 기능.

❺ 연속성의 경험

지금의 나와 과거의 내가 연결된 동일 인물이라는 감각을 불러오는 기능.

❻ 실행과 소유감

자신이 이 신체의 주인이고, 그 행동과 사고는 나의 의사로 결정된다고 느끼는 기능.

❼ 내면의 조사

자신의 행동과 사고, 감정을 모니터링하여 거기에서 얻은 정보를 또 다른 새로운 행동과 사고로 연결 짓는 기능.

위 기능들 모두 인간의 생존을 위해 어느 것 하나 빠뜨릴 수 없다는 사실은 명백하다. 과거의 기억이 없으면 실패를 바탕으로 행동을 수정할 수 없다. 자신의 감정을 파악하지 못하면 다음에 어떤 행동을 해야 할지 판단을 내리지 못한다. 자신의 생각을 돌이켜보는 능력이 없으면 미래의 목표도 달성할 수 없다. 이 모든 것이 자기가 있기 때문에 존재하는 것이다.

어느 기능이 작동할지는 상황에 따라 달라진다. 각각의 상황에 따라 뇌가 문제 해결에 도움이 된다고 판단한 기능이 자동적으로 선택되는 것이다. 예를 들어 우리가 어떤 일부터 해야 할지 생각할 때는 주로 전전두엽피질과 해마의 신경 네트워크 안에 '나'의 감각이 생겨난다. 견딜 수 없을 만큼 슬프다는 생각이 들 때는 편도체와 시상하부에 자기가 발생한다. 또 거울을 보고 '이것은 나다'라고 느꼈을 때는 피질 아래 영역의 뇌간 구조가 활동을 시작한다. 제각각의 기능은 뇌 안의 서로 다른 신경 네트워크가 조정하며 거의 독립적인 시스템으로 작동한다.[11]

뇌가 어떻게 움직이는지 살펴보면 우리가 겪는 자기에 특별한 신경 기반이 있는 것은 아니라는 걸 알 수 있다. 상황에 따라 다른 기능이 작동하는 것을 우리는 마치 통일된 유일한 '나'가 있는 것처럼 굳게 믿고 있을 뿐이다. 자기라고 하면 감정, 사고, 신체를 총괄하는 한 단계 위의 존재처럼 생각되기도 하지만 실제로는 손발과 이목구비 등의 기관과 동일하게 분류할 수 있다.

물론 자기의 구체적인 역할에 대해서는 여전히 논의가 진행되고 있고, 다른 기능을 제안하는 전문가도 적지 않다. 그 논의에 대한 결론은 여전히 쉽게 나오지 않을 것으로 보인다. 하지만 하나의 통일된 '나'라는 존재는 없고, 자기는 '나'를 특정하는 기능의 집합체라는 해석에 대해서는 거의 일치하는 의견을 보인다. 말하자면 자기란 살아남기 위해 필요한 도구 모음에 지나지 않는다는 것이다.

9 ——————— 역시 자기는 지울 수 없을까?

우리의 자기는 인류의 생존을 위해 진화해온 시스템으로, 외부 위협에 반응하여 기능을 발동한다. 이 사실에서 우리는 두 가지 요점을 얻을 수 있다.

❶ 자기가 사라지는 것은 드문 일이 아니다.
❷ 자기가 사라져도 우리는 작동한다.

첫 번째는 이해하기 쉽다. 자기는 애초에 가공의 존재이고 어디까지나 생존용 도구이기 때문에 급하게 필요하지 않은 상황에서는 작동하지 않는다. 아무런 위협도 없는 안전한 상황에서는 굳이 자신을 보호할 의미가 없기 때문이다.

사실 자기가 사라지는 경우는 얼마든지 존재한다. 대표적으로는 극도의 집중 상태에 돌입했을 때, 게임에 푹 빠져 시간이 눈 깜짝할 사이에 지나가버리거나 소설 속에 몰입하여 문장을 열심히 좇을 때, 마음 맞는 동료와 대화하며 분위기가 달아올랐을 때 같은 상황을 떠올려보면 이해하기 쉽다. 거기에는 자기의 감각은 없고, 마치 눈앞에 일어나고 있는 일과 하나가 된 것 같은 감각만이 있을 것이다.

마찬가지로 긴장이 풀린 상태에서도 자기는 거의 발생하지 않는다. 따뜻한 물이 담긴 욕조에 몸을 담그고 있을 때나 아름다운 해변에서 느긋한 시간을 보낼 때, 잠들기 전에 편안히 음악을 들을 때 등의 경우, '나'는 없고 우리는 그저 환경 속에 존재하고 있는 기분을 느낀다. 의식이 완전히 현재를 향한 상황에서는 그저 눈앞의 세계에 일어나는 정보를 처리하면 충분하고 과거와 미래로 마음을 돌릴 필요가 없다. 그 덕분에 굳이 자기를 작동시키지 않아도 되는 것이다.

또 한 가지 중요한 것은 이런 상황에서 자기가 사라졌다고 해도 우리의 행동에는 문제가 없다는 점이다. 아침에 일어나 물 한 잔을 마시고 평소와 다름없이 외출 준비를 하는 모습을 떠올려보자. 거기에는 우리를 이끌고 갈 '나'는 존재하지 않고 물을 마시는 경험을 대표하는 오너나 디렉터 역시 없다. 순간순간 '점심에 뭘 먹을까?' 같은 생각이 들면서도 적절한 지각과 동작이 무의식중에 이루어진다.

이 상태는 CPU나 메모리가 어떻게 작동하는지 몰라도 백그라운드에서 컴퓨터의 처리가 이뤄지고 있는 상태와 비슷하다. 우리는 '나'의 힘을 빌리지 않더라도 많은 일 처리를 할수 있다. 여차하면 자기가 관여하지 않는 편이 순조로운 경우도 많을 것이다. 운동 선수가 자신의 자세가 옳은지 의문을 갖는 순간부터 컨디션이 급격히 무너지기 시작한다는 이야기는 자주 들어보았을 것이다.

요약하면 이번 장의 포인트는 아래와 같이 크게 두 가지로 정리된다.

❶ 자기는 일상적으로 생성과 소멸을 반복하며 '나'는 없어도 문제되지 않는 상황이 많이 존재한다.

❷ 자기는 인간이 가진 많은 생존 도구 중 하나이며, 감정과 사고라는 다른 기능과 다르지 않다.

이 두 가지 특징을 종합적으로 생각해보면 자연스럽게 다음과 같은 의문이 떠오를 것이다.

'역시 자기는 지울 수 없는 것 아닌가?'

우리의 감정과 사고는 훈련을 통해 어느 정도까지는 제어할 수 있다. 복식 호흡을 하거나 부정적인 기분을 종이에 써 보는 방법 등, 임상 시험에서도 효과가 입증된 방법은 다양하게 존재한다. 그렇다면 감정과 사고처럼 자기 또한 훈련을 하면 컨트롤할 수 있지 않을까?

2장

허구

虚構 | The Kingdom of Fiction

1 ——— 우리의 자기는 무엇으로 이루어져 있을까?

자기는 생존용 도구이다. 이것이 1장의 결론이었다. 확고한 존재라고 생각되기 쉬운 자기는 실제로는 진화의 과정에서 생겨난 생존 시스템 중 하나이다. 그러므로 감정과 사고라는 다른 정신 기능과 마찬가지로 자기 또한 늘 생성과 소멸을 반복하고 있고, 결코 특별한 것이 아니다.

이번 장에서는 한 걸음 나아가 자기는 무엇으로 이루어져 있을지 생각해봄으로써 자기에 대해 깊이 파악해보고자 한다. 1장에서는 자기의 기능을 살펴보았는데, 그 자기란 과연 어떤 요소로 구성된 존재일까?

이해하기 어려운 부분이므로 바이러스에 비유해서 설명해보겠다. 바이러스로 인한 병을 치료하기 위해서는 바이러스가 비말과 공기를 통해 감염된다거나 다른 생물을 매개로

하여 자기 복제한다는 등의 기능면에만 초점을 맞추면 안 된다. 한정적인 대책밖에 세울 수 없기 때문이다. 바이러스가 지용성의 외막을 가졌다는 구조면의 정보가 없으면 알코올이나 비누로 정말 바이러스가 약해지는지 사전에 판단할 수 없을 것이다.

자기의 문제도 이와 마찬가지로 기능적인 부분만 살펴보면 문제의 일부에 대한 대책밖에 세울 수 없다. 근본적인 해결을 위해서는 대상의 구성 요소를 알아야 한다. 그렇다면 이 의문과 마주하기 위해 몇 가지 퀴즈를 내보겠다. 다음 문제에 대한 답을 생각해보자.

문제 1 스콧 씨는 우산도 모자도 쓰지 않은 채 억센 빗속을 산책했다. 그의 옷은 흠뻑 젖었지만 어째서인지 머리카락만은 전혀 젖지 않았다. 그 이유는 무엇일까?

문제 2 청소부가 높은 건물의 창문을 닦고 있을 때 20미터의 사다리에서 발을 헛디뎌 콘크리트 바닥에 떨어졌다. 하지만 기적적으로 그는 상처 하나 입지 않았다. 그 이유는 무엇일까?

문제 3 고대에 탄생한 것으로 지금도 사용되면서 벽 너머를 들여다볼 수 있는 발명품은 무엇일까?

각각의 정답은 '문제 1 스콧 씨는 머리카락이 없었기 때문에', '문제 2 사다리의 1단에서 떨어졌기 때문에', '문제 3 창'이다. 이 세 가지 문제는 심리학 실험에서 창조성을 측정할 때 사용하는데, 모든 문제에 쉽게 답을 떠올렸다면 창조력이 높은 사람이라고 할 수 있다.[1]

모두 실없는 퀴즈처럼 보이기도 하지만 사실 여기에는 자기가 우리를 괴롭히는 구조의 일부분이 표현되어 있다. 그것은 모든 퀴즈가 뇌에서 자동적으로 작동하는 사고와 이미지의 힘을 거꾸로 이용하고 있다는 점이다.

우산도 쓰지 않고 빗속을 걸었다는 말을 들으면 누구나 온몸이 흠뻑 젖은 남자의 이미지를 떠올릴 테고, 20미터의 사다리라는 말을 들으면 대참사를 연상할 것이다. 벽 너머를 들여다볼 수 있는 발명품으로 창을 떠올리기 힘든 이유는 고대에 생겨났다는 말에 의해 뇌에서 화약, 바퀴, 나침반 같은 것들이 떠올라 그 이외의 사고를 방해하기 때문이다.

우리가 이런 퀴즈의 답을 바로 떠올리지 못하는 것은 뇌가 가진 이야기의 제조 기능이 작동하기 때문이다. 스콧 씨가 우산을 쓰지 않고 빗속을 산책했다는 정보가 입력되면 뇌는 순간적으로 과거의 기억을 검색하기 시작한다. 스콧 씨처럼 생겼을 인물이나 온몸이 흠뻑 젖은 남자의 이미지를 만들어낸 후에 다음으로 어떤 이야기가 전개될지 생각한다. 모든 작업은 무의식중에 일어나며, 흠뻑 젖은 서양 남성의 이미지가 완성되기까지 겨우 1초도 걸리지 않는다.

물론 그 후에 스콧 씨는 머리부터 발끝까지 물에 빠진 생쥐처럼 흠뻑 젖었다는 문장이 이어지면 문제없이 생각한 대로 전개되는 이야기에 만족한 뇌는 바로 또 다른 이야기를 만들기 시작할 것이다. 그런데 이어서 머리는 젖지 않았다는 새로운 정보가 입력되면 뇌는 어쩔 수 없이 이야기를 수정해야 하고 또 다른 전개를 만들 필요가 생긴다. 이런 뇌의 작동이 우리에게는 퀴즈의 재미로 느껴지는 것이다.

2 ——————— 인간의 뇌는 0.1초 만에 스토리를 만들어낸다

인간의 뇌가 이야기 제조기라는 견해는 최근 신경과학 분야에서 자주 거론된다. 예전의 발상과는 달리 우리의 뇌는 이야기를 만들어내기 위해 탄생한 기관이라는 이론이다.

그렇다면 우선 기존의 이론을 확인해보자. 예로부터 있었던 주장에 따르면 우리는 세 가지 단계로 세계를 체험한다.

❶ 주위의 영상과 음성을 눈, 귀 등의 감각기관이 받아들인다.
❷ 입력된 정보가 뇌의 고차원적인 영역으로 전달된다.
❸ 모든 정보를 뇌가 처리한 후 최종적으로 판단한다.

예를 들어 사과를 봤을 때 우선 안구가 카메라처럼 사과를 촬영하면 뇌의 고차원 기능으로 전송되어 거기에서 처음으로 사과의 영상으로 처리된다고 생각했다. 그런데 나중에 이루어진 연구에 따르면 이 발상으로는 설명할 수 없는 현상이 많다는 것을 알게 되었다.

테니스 선수의 예가 대표적이다. 프로 선수의 일반적인 서브 속도는 평균 시속 190킬로미터를 넘는다. 최고 수준의 선수는 시속 200킬로미터를 기록하는 일도 드물지 않다. 여기에서 문제는 인간의 뇌가 눈으로 본 것을 처리하는 데는 생각보다 긴 시간이 필요하다는 점이다. 다수의 실험에 따르면 눈으로 들어온 빛이 망막에서 전기 신호로 바뀌어 뇌에서 이미지를 구상하기까지 걸리는 시간은 약 0.1초로 아무리 동체 시력이 좋은 사람이라도 이 수치는 변하지 않는다. 0.1초라는 시간을 테니스로 생각해보면 상대가 서브를 넣었다고 선수가 인식한 시점에서 실제로 공은 이미 5미터 정도 날아갔다는 계산이 된다. 이만큼 시각 처리와 현실의 시간에 차이가 있는데도 선수가 고속 서브를 받아내는 이유는 어디에 있을까?

이런 의문을 풀기 위해 탄생한 것이 '뇌 = 이야기 제조기'라는 아이디어이다. 이 이론에 의하면 우리는 다음과 같은 단계를 거쳐 현실을 체험한다.

❶ 주위 상황이 어떻게 전개될 것인지에 대해 사전에 뇌가 이야기를 만든다.

❷ 감각기관이 받아들인 영상과 소리 정보를 뇌가 만든 이야기와 비교한다.

❸ 뇌가 만든 이야기와 다른 부분만 수정해 현실을 만든다.

테니스를 예로 들어보면 상대가 서브를 넣기 위해 공을 위로 던져 올린 순간부터 뇌는 차례차례 이야기를 만들기 시작한다. 과거에 상대가 넣은 서브와 같은 속도의 공이 온다, 공의 상승 속도가 평소보다 빠르기 때문에 상대는 실수를 한다, 손목이 오른쪽을 향했으므로 공은 코트의 오른쪽 구석에 닿을 것이다…….

이런 이야기를 바탕으로 뇌는 사전에 현실을 시뮬레이션하고, 그 예측에 따라 선수는 실제 공보다 빠르게 신체를 움직일 수 있다. 그 능력이 없다면 날아오는 공을 받아낼 수 없다. 일상에서라면 자신을 향해 달려오는 자동차를 피하지 못할 수 있기 때문에 안심하고 길을 걸을 수 없다.

이런 사고를 이야기라고 부르는 것에 위화감을 느낄 수도 있겠지만, 여기서 말하는 이야기는 영화나 소설 같은 픽션의 스토리만을 의미하지 않는다. 다양한 이야기의 공통점을 생각해보면 최종적으로는 어느 것이든 '어떤 일의 인과관계를 설명한 것'으로 정리할 수 있을 것이다. 그런 점에서 상대 선수가 던져 올린 공에서 만들어지는 무수한 예측 또한 이야기의 원시 형태라고 말할 수 있다.

3 ———————

뇌가 만들어낸
시뮬레이션 세계

인간의 뇌가 이야기 제조기가 된 것은 일상생활에 사용하는 자원을 절약하기 위해서이다. 예를 들어 원시 시대의 선조들이 호랑이의 습격을 받을 법한 상황에서는 오로지 맹수의 움직임에 관한 판단 재료만이 필요했다. 그 이외의 평소와 다름없는 초원의 풍경이나 멀리 보이는 새들의 활동 같은 데이터는 무시하고 호랑이의 거동만을 처리해야 빠르게 반응할 수 있기 때문이다.

일상생활에서도 이야기는 다르지 않다. 매일 아침 출근 시간에 문손잡이를 잡은 감촉이나 문이 열리는 풍경 같은 감각 정보를 전부 처리해야 한다면 뇌 용량은 아무리 많아도 부족하다. 몇 번이고 입력된 데이터는 평소와 다르지 않다고 추측하고 과거의 정보를 재사용해야 뇌의 에너지를 낭비하지 않을 수 있다. 다시 말해 인류는 고도의 스토리텔링 능력 덕분에 많은 위기를 극복하여 현대까지 진화할 수 있었다. 나아가 최근에는 신경과학이 발전한 덕분에 뇌가 순간적으로 이야기를 만들어내는 메커니즘도 밝혀졌다.

우리가 출근을 하기 위해 현관 손잡이를 잡았다고 해보자. 그 순간 뇌의 대뇌섬피질이라는 고차 영역이 문 바깥쪽에는 평소와 다름없는 정원이 있고, 평소와 같은 일상이 이어질 것이라거나 문은 늘 그랬듯이 열리고, 나는 전철역으로 갈 것이라는 이야기를 무수히 만들어내 그 데이터를 일단 눈과 눈앞에 위치하는 시상이라는 장소로 전송한다. 이어서 우리가 실제로 문을 열면 눈과 귀에 들어온 외부 정보가 시상으로 전달되어 여기서 이야기 데이터와 비교가 이루어진다. 현실 세계에서 얻은 정보와 뇌가 만든 이야기의 차이를 비교하기 위해서이다.

그 후 만약 이야기가 현실의 정보와 같다면 우리 뇌는 외부에서 들어온 정보를 사용하지 않고 처음 고차 영역이 만들어낸 이야기를 그대로 채택한다. 다시 말해 눈과 귀로 들어온 데이터는 거의 사용하지 않고 뇌가 만든 '문을 열어도 평소와 다름없는 일상이 이어진다'는 시뮬레이션을 우리는 현실로 체험하고 있는 것이다.

반면 '문을 열었더니 커다란 개가 있었다'처럼 뇌가 만든 이야기와는 다른 현실이 펼쳐지는 경우에는 잘못된 정보만 고차 영역으로 전송된다. 이런 경우에는 '커다란 개'의 데이터만 고차 영역에 피드백되어 이 정보를 바탕으로 뇌는 '이 개는 위험하다'거나 '이쪽을 향해 올지도 모른다'는 새로운 이야기를 전개한다. 이후로 새로운 이야기가 계속 연쇄해서 이어진다.

위와 같은 지식을 바탕으로 현대의 신경과학자와 심리학자는 우리가 지각하는 현실의 대부분은 뇌가 만들어낸 이야기로 구성된 세계의 시뮬레이션이라고 간주한다. 우리가 아무리 세계를 리얼하게 느꼈다고 해도 그 현실의 구축에 사용된 외부 데이터는 극히 일부일 뿐이고 나머지는 작은 차이에 지나지 않기 때문이다.

고대 그리스 철학자 플라톤이 사람의 눈에 비치는 현실 세계는 진실의 그림자에 지나지 않는다고 주장했듯이 우리는 결코 현실을 있는 그대로 체험하고 있지 않다. 가상현실 헤드셋을 쓴 것처럼 뇌가 만들어낸 시뮬레이션 세계를 계속 살아가고 있는 것이다.

4 ——————— 문제는 정신력이 아니다

뇌의 스토리텔링 기능이 성가신 이유는 우리의 생존을 지키는 동시에 문제를 일으키는 일도 많기 때문이다. 예를 들어보자. 어떤 처음 보는 사람과 만났을 때, 우리의 뇌는 바로 과거의 기억을 열어 '이 사람은 어머니와 닮았으니까 좋은 사람일 것이다'라거나 '키가 크니까 무서운 사람일지도 모른다' 같은 판단을 0.001초 만에 내린다.

이때 우리는 신호등의 빨간불에는 멈춰야만 한다, 물건을 사면 비용을 지불해야 한다, 처음 만나는 사람에게는 인사를 해야 한다, 음식을 낭비해서는 안 된다, 순서를 기다릴 때는 차례대로 서야 한다 등 어렸을 적부터 흡수해온 모든 경험을 판단 재료로 사용한다.

과거에 얻은 지식과 정보는 뇌 안에 개별의 이야기로 축적되고, 그 일부는 우리의 행동을 이끌어주는 법률처럼 작용한다. 말하자면 특정 이야기가 강제력을 가진 상태로, 주위 상황이 변할 때마다 우리의 뇌는 여러 개의 스토리에서 적절한 이야기를 골라 그 내용에 따라 다음 행동을 결정하는 것이다. 이 기능이 없었다면 사람과 만날 때마다 '이 사람에게는 인사를 해야 할까? 날씨 이야기를 해야 하나?' 등의 고민에 빠져야 하고, 신호를 볼 때마다 '빨간불은 건너야 할까, 건너지 말아야 할까?'라며 고민할 것이다.

대뇌의 이야기 기능을 40년에 걸쳐 연구해온 하버드대학교의 크리스 아르기리스도 "사람은 항상 자신의 입으로 말하는 것에 준하여 행동하는 것이 아니라 자신이 채택한 이야기대로 행동한다"고 말했다.[2] 우리가 일상을 순조롭게 보내는 것은 뇌가 타고난 이야기 검색 엔진인 덕분이다.

그런데 '음식을 낭비해서는 안 된다' 같은 이야기라면 딱히 해가 되지 않지만, 때때로 우리는 '비만은 게으른 사람이라는 증거다'라거나 '시골 사람은 촌스럽다' 같은 편향적 생각을 행동의 규범으로 삼기도 한다. 이런 이야기들이 갈등의 불씨가 된다는 건 쉽게 상상할 수 있을 것이다.

나아가 일그러진 이야기는 자신에게도 적의를 드러낸다. 예를 들어 친구가 갑자기 냉담한 태도를 보였다고 하자. 그

때 인간의 뇌는 바로 현상을 설명해줄 이야기를 찾기 시작한다. 그 결과로 '바쁜 사람은 살갑게 대하지 않는다'는 무난한 이야기를 선택한다면 '다음에 다시 연락해보자'라고 가볍게 생각하고 지나갈 수 있다. 즉 괴로움이 첫 번째 화살만으로 끝나는 상태이다.

반면 여기서 뇌가 '나는 사랑받지 못하는 사람이니까'라는 일그러진 이야기를 꺼냈다면 상황은 달라진다. 자신의 내면에서 '나를 미워하는 것은 아닐까?'라거나 '내가 뭔가 잘못했나?' 같은 생각이 떠오르고, 머릿속에서 그런 생각이 계속해서 반복될 것이다.

다시 말해 같은 상황에도 괴로워하는 사람과 괴로워하지 않는 사람이 있는 이유는 정신력이 강하고, 약하고의 문제가 아니다. 뇌 안에서 만들어낸 독자적인 스토리라인이 적절한가, 아닌가의 문제이다.

5 ———— 자기는 이야기로 구성되어 있다

앞의 내용을 바탕으로 자기가 가진 기능을 다시 살펴보자. 우선 인생의 기억과 관련된 기능은 결혼과 출산, 대학 입시 실패 같은 우리 뇌에 보존된 인생의 사건에 대한 것이다. 모든 데이터가 '언제 어디에서 누가 무엇을 했다'는 원인과 결과로 묶인 스토리로 뇌에 담겨 있고, 이 기능 덕분에 우리는 과거와 현재의 자신이 동일한 존재라고 인식할 수 있다.

두 번째 성격의 요약 기능도 마찬가지로 뇌에는 자신 고유의 성격을 정의하는 이야기가 몇 가지나 담겨 있다. '나는 낯을 가리기 때문에 사람이 많은 자리는 좋아하지 않는다', '나는 착실한 사람이라서 마감 날짜를 잘 지킨다' 같은 과거와 미래의 인과관계를 나타내는 정보가 세트로 보존되어 있다.

그 외의 기능도 기본은 다르지 않다. 감정 파악 기능의 경우 '실수를 해서 부끄럽다' 등의 이야기를, 실행과 소유감의 기능은 '내 의사로 행동을 결정했다' 등의 이야기를, 내면의 조사 기능은 '나의 분노를 겉으로 드러내서는 안 된다' 등의 이야기를 제공한다. 각각의 내용은 다르지만 우리의 자기가 'A이기 때문에 B가 된다'는 스토리 형식으로 구성되어 있는 점은 똑같다.

물론 이런 기능이 평범한 일상의 이야기를 만들 뿐이라면 문제는 없겠지만, 뇌의 스토리텔링 기능은 밤낮을 가리지 않고 계속 작동하면서 무언가 기분 나쁜 일을 겪었다면 '이 사람과 사이가 나빠졌다', '나는 타인보다 불행하다' 같은 부정적인 허구를 만들어내, 그것을 마치 유일한 현실인 것처럼 생각하도록 한다. 이것이 우리를 고민하게 만드는 괴로움의 기원이다.

게다가 더욱 귀찮은 일은 우리의 뇌가 외부 정보만을 바탕으로 괴로움을 만들어내는 것이 아니라는 점이다. 눈과 귀로 들어온 영상과 음성 데이터뿐만 아니라 우리의 육체가 내면에서 발신하는 정보 또한 이야기의 자원으로 사용된다.

이런 사실을 이해하기 위해서 우선 항상성에 대해서 설명해보겠다. 이것은 모든 생명이 가진 자동 복원 시스템을 의미하며, 외부 변화에 대응하여 신체를 항상 같은 상태로 유지하는 작용을 한다. 예를 들어 인간의 체온이 항상 37도 전후로 유지되는 것은 더운 날에는 땀을 흘려 열을 식히고, 추운 날에는 신체를 떨게 만들어 열을 만드는 메커니즘이 작동하기 때문이다. 담배를 피우다 기침이 나는 것은 독소를 밖으로 뱉어내기 위해서이고, 지나치게 많이 먹으면 기초 대사가 올라가는 것은 체내의 에너지 양을 일정하게 보존하기 위한 기능이 작동했기 때문이다.

이런 기능을 작동시키기 위해 인체에는 고성능 센서가 준비되어 있다. 대표적으로 귀 안의 반고리관은 신체가 움직일 때마다 내부의 액체가 상하좌우로 이동하는데, 그 흐름을 뇌에 전달함으로써 우리 자신의 자세를 파악할 수 있도록 한다. 그 외에도 피부에 가득한 감각기관과 세포의 표면에 배치되어 있는 호르몬 감지 기관이 제각각 심장과 위장 등의 변화를 감지하여 쉬지 않고 뇌에 정보를 전송한다. 이 모든 것이 항상성을 정상적으로 작동시키기 위한 장치이다.

그런데 만약 신체의 감각에 이변이 일어나면 우리의 뇌는 곧바로 이야기를 만들기 시작한다. 예를 들어 상사가 중요한 발표를 지시했다고 해보자. 발표를 하는 그 순간을 떠올리기만 해도 심박수는 올라가고 근육이 뻣뻣해지는 것 같다. 이럴 때 우리의 뇌는 외부 정보와 내부 정보라는 두 종류의 데이터를 바탕으로 부정적인 이야기를 만들어낸다. 첫 번째 외부 정보는 발표를 반드시 해야 한다는 사실 그 자체다. 외부에서 들어온 정보를 받은 뇌는 즉시 '이것은 나에게 위협이 되는가?'를 판단하여 그때부터 불안이나 초조한 감정을 만들어낸다.

두 번째 내부 정보는 인체의 고성능 센서가 감지한 신체 변화이다. 심박의 상승과 근육의 수축이라는 이변은 자율 신경을 통해 뇌로 전달되고, 현재 느끼는 감정의 강도는 어느 정도인가를 판단하는 재료로 사용한다. 당연히 심박과 근육의 변화가 격렬할수록 부정적인 감정도 강해진다.

이때 문제가 되는 것은 스스로 의식할 수 없을 정도의 신체 변화 또한 감정에 영향을 준다는 점이다. 불규칙한 식사로 인한 영양 부족이나 비만 때문에 혈압과 콜레스테롤 수치가 오르는 등의 반응은 스스로는 명확하게 지각하지 못한다. 하지만 인간의 뇌는 이런 모든 데이터를 생존의 위험으로 처리한다. 그 결과 항상 신체가 위협당하는 것은 틀림없이 나의 무언가가 이상하기 때문이라는 식의 이야기를 계속해서 만들어낸다. 그리고 우리는 이것을 알 수 없는 불쾌함이나 정체 모를 불안으로 인식한다.

마음과 몸은 하나라는 의미의 심신일여心身一如라는 말도

있듯이 괴로움에서 벗어나기 위해서는 심리 기법을 파고들기 전에 신체라는 토대를 튼튼하게 만들어둘 필요가 있다. 뇌의 정보처리라는 관점에서 보면 정신과 육체 사이에는 명확한 차이가 없기 때문이다.

6 ———————— 있는 그대로의 자신을 찾는 것이 불가능한 이유

뇌가 만드는 무수한 이야기가 자기의 형태를 만들고 그로 인해 괴로움이 생기는 메커니즘은 비유하자면 카니자의 착각 도형 같은 것이다. 오른쪽 페이지의 도형을 보면 가운데에 흰색 삼각형이 떠오르는 것처럼 느껴진다. 머리로는 주위의 도형이 만들어낸 착각임을 알고 있어도 뇌 안에 떠오른 삼각형을 지울 수는 없다.

흰색 삼각형의 착각과 마찬가지로 우리의 자기도 주위의 이야기에 둘러싸인 공간에 나타나는 가공의 개념이라고 말할 수 있다. 자기라는 유일의 정신 기능이 실제로는 존재하지 않는데도 뇌가 끊임없이 만들어내는 이야기 덕분에 마치 자기가 절대적 존재인 것 같은 착각에 빠지는 것이다.

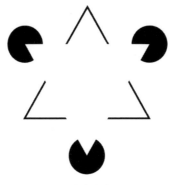

카니자의 착각 도형

이야기의 틈새에 자기가 나타나는 현상은 다른 사람과 커뮤니케이션을 할 때 자주 일어난다. 예를 들어 대학교를 졸업하고 사회생활을 시작한 후, 자신이 다른 사람이 된 것 같다고 느껴본 적이 있을 것이다. 혹은 주변 환경의 변화로 대인관계가 달라졌을 뿐인데도 자신이 다른 사람이 되었다고 느끼는 경우도 드물지 않다.

이런 현상이 일어나는 것은 '나'라는 존재가 다양한 이야기와의 관계성에 의해 만들어지기 때문이다. 한 예로 우리가 사회적 평가가 좋은 회사에서 일한다고 해보자. 이런 경우 '이 사원은 기대된다'는 상사의 이야기나 '그에게는 일을 믿고 맡길 수 있다' 같은 동료의 이야기, '그 기업은 신뢰할 수 있다' 같은 세간의 이야기, '성과를 올려야 하는데' 같은 자신의 이야기 등 다양한 스토리가 성격과 행동에 영향을 주어 회사에 있을 때의 자기를 결정한다.

이와 같은 메커니즘은 인생의 다양한 영역에서 작용한다. 외국 생활을 하면서 외향적으로 바뀐 사람이나 평소에는 조용하지만 집에서는 드센 성향을 드러내는 사람, 직접 만나보면 온화한데 인터넷상에서는 공격적이 되는 사람 등 비슷한 사례는 쉽게 찾을 수 있다.

이렇듯 우리의 자기는 다른 사람과의 이야기가 섞이는 가운데 윤곽이 그려지고 제각각의 스토리에 따라 유연하게 형태를 바꾼다. 이와 같은 모든 상황은 자기가 절대적인 존재가 아니라 이야기의 틈새에 일시적으로 나타나는 허구이기 때문이다.

혼란을 막기 위해 용어 정리도 해두자. 자기와 비슷한 용어는 몇 가지가 있는데, 이번 장에서 설명한 뇌의 작용에 따르면 다음과 같이 표현할 수 있다.

- 자기 = 뇌가 만들어낸 이야기에서 탄생한 '나는 나이다' 같은 감각을 만드는 기능
- 자의식 = 이야기에서 탄생한 자기에 주의를 강하게 향하고

있는 상태
- 아이덴티티 = 자기를 바탕으로 '나는 이런 사람이다'라고 규정한 상태
- 자아(에고) = 이야기가 형성하는 자기의 윤곽을 바탕으로 자신과 타인을 명확하게 나눈 상태

모두 '나'를 구성하는 부품의 하나이며, 어느 것 하나가 지나치게 강하게 나타나면 문제가 생긴다. 자기의 이야기만을 생각하는 사람은 자의식과잉이 되고, 정체성에 대한 집착이 큰 사람은 자신의 이미지가 무너지는 것에 약하며, '자신은 다른 사람과 다르다'는 생각이 과하면 에고가 비대해진다. 전부 자기라는 허구를 절대시하는 태도가 원인이다.

이를 바탕으로 생각해보면 '있는 그대로의 내가 되자', '나답게 살자' 같은 조언이 얼마나 난감한 것인지 알 수 있을 것이다. 아무리 진정한 자신을 찾고 싶어도 우리가 어떤 인간인지는 주위의 이야기에 따라 일정하게 변하기 때문이다. 애초에 자기의 감각 그 자체가 이야기와 이야기 사이에서 탄생한 가공의 개념일 뿐이다. 도넛의 구멍을 먹을 수 없듯이 있는 그대로의 자신을 찾는 것 또한 불가능한 일이다.

7 ——————— 인류의 뇌는 현실보다 이야기를 중요하게 여긴다

여기에서 가장 어려운 문제는 인류의 뇌가 현실보다 이야기를 중요하게 여기도록 설계되어 있다는 점이다. 우리가 일상생활 속에서 겪는 현실은 실제 세계에서 얻을 수 있는 데이터를 대부분 반영하지 않고, 거의 뇌 안에서 만들어진 이야기로 형태를 만든다.

외출하기 위해 현관 손잡이를 잡은 순간에 우리 뇌의 고차 영역이 '문의 건너편에는 평소와 다르지 않은 정원이 있다' 같은 이야기를 만들고, 시상 영역에서 이 이야기를 망막으로 들어온 현실의 데이터와 비교하는 작동까지는 앞에서 설명한 대로이다.

여기에서 정말로 흥미로운 사실은 시상에서 시각피질로 향하는 정보의 경로보다 고차 영역에서 시상으로 향하는 경로가 열 배나 많다는 사실이다. 바꿔 말하면 우리의 뇌 구조는 망막에서 들어온 생생한 정보보다 고차 기능이 만든 이야기를 훨씬 더 중요하게 여기도록 설계되어 있다는 것이다.

그 결과 우리는 때때로 현실 데이터를 무시하고 이야기를 진짜 현실로 채택하기도 한다. 대표적인 것이 착시 현상이다. 아래 그림의 중심을 20초 정도 집중해서 바라보자. 그림 가운데를 계속 보다 보면 주위에 흩어져 있던 선의 조각이 이어지기 시작한다. 하지만 다시 그림을 멀리 떨어뜨려 살펴보면 모양은 바로 원래대로 돌아간다. 이것은 신경과학자 가나이 료타 박사가 고안한 작품으로 힐링 그리드 Healing Grid라고 불리는 유명한 착시 현상이다. 그렇다면 착시는 어떤 메커니즘으로 일어나는 것일까.

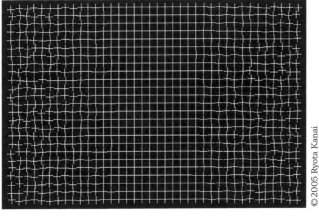

© 2005 Ryota Kanai

힐링 그리드의 중앙을 바라보면 시야 대부분은 규칙적인 격자무늬로 채워진다. 주변의 끊어진 선의 정보는 거의 뇌에 들어오지 않는다. 그러면 우리 뇌는 조금씩, 중앙에 정확한 격자 모양만 그려져 있다면 주위에도 같은 패턴이 펼쳐질 것이라고 상상하여 머릿속에서 조합한 격자무늬를 나름의 현실로 제시한다. 즉 착시란 현실에서 부족한 데이터 부분을 뇌가 강제로 이야기를 잡아당겨 채운 결과이다.

뇌가 현실보다 이야기를 선호하는 사례를 조금 더 살펴보자. 이탈리아 우르비노대학교의 조반니 카푸토는 사람의 의식을 간단하게 바꾸기 위해 다음과 같은 방법을 만들어냈다.

❶ 방 안에 10~25와트 정도의 약간 어두운 조명을 켠다.
❷ 40센티미터 정도 앞에 놓인 커다란 거울을 바라본다.
❸ 거울에 비친 자신의 얼굴을 가만히 5~10분 바라본다.

이 실험에 참가한 50명의 피험자는 전체의 66퍼센트가 거울 속 얼굴이 거대하게 변화했다고 대답했다. 48퍼센트가 괴물 같은 생물이 보였다고 대답했고, 그 외에 고양이, 사자, 처음 보는 사람의 얼굴, 노파, 어린이 등 다양한 이미지가 보였다는 답도 있었다.[3] 내가 직접 실험해본 결과로는 낯선 여성의 얼굴이 나타났다.

이 현상은 거울에 반응한 뇌가 적당한 현실을 만들어내기 때문에 발생한다. 원래 우리 뇌에는 다른 사람의 얼굴을 구별하기 위한 정밀한 시스템이 갖춰져 있다. 눈의 크기, 눈썹의 각도, 입술의 색 같은 미묘한 차이를 바탕으로 몇 백 명이나 되는 얼굴을 바로 식별할 수 있다. 하지만 어두운 조명 아래에서는 얼굴의 정보를 제대로 인식할 수 없기 때문에 빠뜨린 부분을 다른 데이터로 채워 넣어야만 한다. 이때 뇌는 과거의 기억에서 적당한 얼굴 데이터를 끄집어내 있을 법한 현실을 머릿속에 구축한다.

시각뿐만 아니라 뇌의 이야기가 심리나 기억에 영향을 주는 패턴도 살펴보자. 레이크랜드대학교 등에서 실시한 실험에서는 남성 참가자에게 이성의 사진을 여러 장 보여주며 좋아하는 타입을 선택하도록 하고 그 여성을 선택한 이유를 물어보았다. '얼굴이 예쁘다', '다정할 것 같다'는 등 각자 생각한 이유를 확인한 후 연구팀은 실험에 변수를 더했다. 참가자가 눈치채지 못하도록 몰래 사진을 바꿔 전혀 다른 사람의 사진을 보여준 후 그 여성이 마음에 드는 이유를 다시 확인해보았다.[4]

그런 대담한 일을 하면 누구나 사진이 바뀌었다는 사실을 알아챌 것 같지만 현실은 달랐다. 무려 70퍼센트는 사진이 바뀐 것을 알아차리지 못한 채, 전혀 다른 여성임에도 '성격이 좋을 것 같다', '눈이 커서 마음에 든다' 같은 이유를 그 자리에서 꾸며내며 본인 스스로도 자신의 생각에 확신을 갖는 모습이었다.

이는 작화라고 불리는 현상으로 '좀 전과 같은 사진을 보고 있으니까 나는 이 여성을 좋아할 것이 분명하다'라고 생각한 뇌가 그 판단에 맞춰 다른 이야기를 순간적으로 꾸며낸 것이다. 그야말로 현실보다도 이야기가 우선된 예라고 할 수 있다.

2011년에 이루어진 또 다른 실험도 유명하다.[5] 연구팀은 프린스턴대학교와 다트머스대학교의 축구 경기를 본 학생에게 어느 쪽 선수의 플레이가 더 거칠었는지 질문했다. 그러자 모두 같은 시합을 보았는데도 프린스턴대학교의 학생은 다트머스대학교 선수가 정정당당하지 못한 행동을 많이 했다고 대답했고, 반대로 다트머스대학교의 학생은 프린스턴대학교의 선수가 페어플레이를 하지 않았다고 대답하는 경향이 강했다고 한다. 당연히 그들은 자신이 한쪽 편을 들고 있다고 의식하지 못했고, 상대 팀의 정정당당하지 못한 행동에 진심으로 분노하고 있었다.

비슷한 심리는 일상생활에서도 마찬가지로 일어난다. 손이 느린 사람이 자신의 작업 속도가 느린 이유를 일을 꼼꼼하게 하기 때문이라고 우긴다거나, 규칙을 지키지 않는 것은 개성의 표현이라고 주장하는 등의 사례는 얼마든지 찾아볼 수 있다.[6] 이 모든 상황에서 당사자는 자신이 생각하는 방식이야말로 유일한 현실이라고 믿으며 그 이외의 가능성을 인정하지 않는다. 이 또한 현실보다 이야기가 우선시되는 전형적인 예이다.

8 ——————— 정신의 취약성을 역이용한다

이번 장에서 설명한 내용을 정리해보면 우리가 직면하는 문제는 다음과 같다.

❶ 이야기는 뇌 안에서 자동적으로 움직이기 시작하고 우리는 이를 제어할 수 없다.

❷ 우리는 이야기를 유일한 현실이라고 굳게 믿고 있으면서도 이런 사실을 알아채지 못한다.

이런 점을 분명하게 하지 않는 한 자기의 문제는 극복하지 못할뿐더러 우리의 고민도 해결할 수 없다. 이것은 정말 어려운 문제로, 이를 해결하는 데는 예일대학교 신경과학자 필립 컬렛의 지적이 참고가 될 것 같다.

"뇌의 이야기 이론이 가르쳐주는 가장 중요한 점은 우리의 정신 기능이 얼마나 약하고 여린 것인가 하는 부분이다."

분명 끊어진 격자무늬를 보는 것만으로도 뇌는 속는다. 익숙한 자신의 이미지가 거울 속에서 바뀌기도 하고, 자신이 꾸며낸 말도 눈치채지 못하므로 인간의 정신은 취약하기 그지없다.

반면 정신의 취약함은 뒤집어 말하면 뇌의 유연성이라고도 할 수 있다. 아무런 강도도 없는 물이 자유자재로 모습을 바꾸며 절벽에 스며들듯이, 합기도 유단자가 상대의 힘을 사용하여 자신보다 큰 사람을 던지듯이 유연한 사람이 최후의 승리를 하는 일은 드물지 않다. 부드러움이 강함을 이긴다는 말처럼 인간 정신 기능의 유연함을 뒤집어 생각하면 이야기의 문제를 해결하는 것도 가능하지 않을까?

사실 현대의 신경과학 및 심리요법의 영역에서는 유망한 대책이 몇 가지 제시되고 있고 임상 시험에서도 좋은 성과를 올리고 있다. 다음 장에서 그 구체적인 방법론을 살펴보자.

3장

결계

結界 | Bai sema

1 ——————— 증거 기반의 결계

결계結界

❶ (불교) 수행이나 수법을 위해 일정 구역을 제한하는 것. 또 그 구역에 불도수행의 장애가 되는 것의 출입을 허락하지 않는 것.

❷ 사원의 내진內陣과 외진外陣의 사이, 또는 외진 중에 승려와 속인의 좌석을 나누기 위해 설치된 나무 울타리.

대표적인 일본어 사전『고지엔広辞苑』제7판에 따르면 결계는 위와 같이 정의되어 있다. 예로부터 일본인은 항상 결계를 중요하게 여겼다. 불도에 들어선 자가 절에서 사는 것도, 장례식장에 흰색과 검정색으로 된 막을 두르는 것도, 신사 입구에 금줄이나 붉은색 기둥으로 만든 도리이를 설치하는 것도 전부 결계의 한 형태이다. 이것은 일종의 상징으로 신성한 공간을 설정하여 참가자를 더러운 존재로부터 지키기 위한 조치이다.

이 발상은 일본인의 일상에 침투되어 있다. 예를 들어 유서 깊은 상가에서 계산대 주위에 칸막이를 세워두거나 가게 앞에 가게 이름이 적힌 천을 걸어두는 걸 지금도 결계라고 부른다. 다도茶道에서도 비슷한 발상을 볼 수 있는데, 스승이 출입금지 구역을 표시하는 돌을 놓아 다실의 출입구를 일부러 좁게 만드는 것도 결계의 일종이다. 결계의 효능을 한마디로 말하자면 그것은 '안정감의 연출'이 된다.

- 절의 문을 빠져나가면 번뇌의 대상 같은 것은 존재하지 않는다.
- 금줄을 쳐두면 부정한 것이 침범하거나 가까이 오지 못한다.
- 다실 안쪽에서는 오로지 차를 마시는 것만 허락된다.

사전에 독자적인 규칙을 정해두면 안정감이 생겨나고 그 덕분에 참가자는 마음이 분산되지 않고 목표에만 집중할 수 있다. 속세에서 불도나 다도를 수행하는 것이 불가능하지는 않지만, 자신이 보호받고 있다는 안정감의 유무로 수행의 난이도가 현격히 달라지는 것은 말할 것도 없다.

결계에 대해 설명한 이유는 자기를 극복하는 작업이 우리에게 커다란 고통을 주는 일이기 때문이다. 이미 1장에서 본 것처럼 자기란 자신을 지키기 위해 생겨난 기능의 집합체였다. 제각각의 기능은 우리 뇌가 위협을 기억한 직후부터 발동하여 다른 사람과의 갈등, 건강에 대한 고민, 금전 문제 같은 인생의 위기를 해결하려고 작동한다. 태어난 이후로는 누구나 자기에게 끊임없이 도움을 받아왔고, 그것을 당연한 것이라 여기며 살아가고 있다. 말하자면 우리에게 자기란 익숙해진 집과 같은 것이다. 믿을 곳도 없는데 자신의 집을 버리라는 말을 들으면 누구나 당황할 것이다. 특히 인생에서 오랫동안 자의식과잉의 상태에 있었던 사람일수록 자기를 잃는 것에 공포를 느껴 반대로 자기에 딱 달라붙어 있고 싶은 욕망이 증가하는 경우도 종종 있다.

그렇기 때문에 지금부터는 본격적으로 자기 극복에 도전하기에 앞서 올바른 결계를 치는 법을 살펴보려고 한다. 결계의 힘으로 우리 내부의 안정감을 만들어 자기를 버리더라도 공포를 느끼지 않도록 하는 것이 이번 장의 목표이다. 그렇다고 소금을 뿌린다거나 부적을 사용하라는 이야기는 결코 아니다. 예로부터 내려오는 의식에 의존해본들 그 옛날에 결계가 가져다준 기능은 재현할 수도 없을 것이다. 이번에 살펴볼 것은 어디까지나 뇌과학적 지식에 근거한 증거 기반의 결계이다.

2 ——————— 왜 아프리카인은 환청에
시달리지 않을까?

결계의 중요성을 이해하기 위해서 우선은 조현병의 사례를 살펴보겠다. 말할 것도 없이 조현병은 혹독한 질환이다. '네가 있을 곳은 없다', '거짓말쟁이!', '정말로 쓸모없는 인간이다' 같은 목소리가 갑자기 귓가에서 울리면 실제로 다른 사람에게 매도당하는 것과 똑같이 느껴진다. 아무리 환청이라고 설명해도 이런 조소의 말들이 몇 시간이나 계속되기도 한다.

이 질환이 문제가 되는 것은 말할 것도 없다. 환각과 환청으로 일상적인 생활을 제대로 할 수 없고, 심각한 경우에는 자신과 다른 사람의 감정을 이해할 수 없게 되는 일도 드물지 않다. 조현병 환자수의 비율은 약 100명 중 1명꼴인데, 아직까지 명확한 원인은 알 수 없고 주로 도파민 신경의 활동을 억제하는 약과 심리요법을 조합한 치료를 시행하고 있다.

이런 상황에서 2014년에 스탠퍼드대학교의 인류학자 타니아 루어먼이 흥미로운 연구를 발표했다. 조현병이 생긴 후라도 병증으로 괴로워하지 않는 사람들이 존재한다는 것이다.[1] 루어먼은 미국, 가나, 인도에서 조현병 환자를 인터뷰하며 머릿속 목소리가 무슨 말을 하는지, 말을 거는 사람은 누구인지 등을 확인했는데, 그 결과 국가별로 환청에 차이가 있다는 사실을 알아냈다.

우선 미국 등의 선진국 사람들에게 들리는 환청은 거의 대부분 부정적인 것으로, '쓰레기 같은 놈', '죽여버릴 거야', '최악의 인간이야'같이 폭력과 증오가 넘치는 말들이었다. 반면 아프리카와 인도의 농촌 지역에 사는 사람이 듣는 환청은 '바르게 살자', '좋은 날이 올 거야' 같은 긍정적인 내용이 많았고, 목소리의 말투도 온화한 경우가 대부분이었다고 한다. 그 덕분에 환자들은 조현병이라도 삶의 질이 떨어지지 않고, 병증의 완화 속도도 빠른 경향이 있었다. 이 결과에 대해 루어먼은 "미국인에게 외부에서 들리는 목소리는 광기를 의미한다"고 말했다.

선진국에서는 대부분이 환청을 이상이 있거나 병으로 여기며 고쳐야만 하는 문제 중 하나라고 생각한다. 하지만 아프리카나 인도의 시골 마을에서는 대부분 환청을 신의 말이나 선조의 전언이라고 해석한다. 그 덕분에 환청이 긍정적으로 변환되는 것이다. 1980년대에 인류학자 여러 명이 실시한 현지 조사에 따르면 멕시코계 미국인은 환청을 선조의 목소리로 여기고, 주위 사람들도 조현병에 대해 관용과 동정의 태도를 보였다. 그 덕분에 환자는 환청을 좋은 것으로 여길 수 있게 되어 일상생활에 거의 지장이 없었다. 한편 유럽계 미국인은 환청에 시달리는 환자에게 무섭다거나 비정상이라는 꼬리표를 붙여 그들의 병증이 더욱 악화되는 사례가 많아졌다고 한다.[2]

또 다른 연구에서는, 1930년대에는 주로 '타인을 사랑하라', '주에게 의지하라' 등 부드러운 내용의 환청이 많았는데, 1980년대부터 '자살해', '모두가 널 경멸하고 있어' 같은 적대적인 말들이 급증했다는 사실을 발견했다.[3] 그 이유는 아직 확실하지는 않지만, 1930년대만 해도 공동체의 연대가 짙었으나 1980년대에 들어서면서 개인주의적인 사상이 강해진 탓으로 보고 있다. 사는 장소만 바꾸면 모든 일이 해결된다는 단순한 이야기는 아니지만, 환청의 내용이 주위 환경에 좌우되는 것은 틀림없다. 말하자면 아프리카인과 인도인에게는 그 나라의 문화가 결계로 작용하고 있는 것이다.

3 ——————— 약의 크기가 커질수록
효능은 강해진다

조현병의 사례에서 알 수 있는 것은 우리의 정신력에 있어 세트와 세팅이라는 개념이 매우 중요하다는 것이다. 둘 다 약물 치료 분야에서 사용되는 말로, 대략 다음과 같은 의미이다.[4]

- 세트 = 개인의 성격, 감정, 기대, 의도 등의 상태
- 세팅 = 물리적, 사회적, 문화적인 환경의 상태

의사에게 항우울제를 처방받았다고 해보자. 이때 약을 먹고 좋아질 거라고 기대를 하거나 약에 의존하는 것은 무섭다는 감정을 느끼는 경우는 모두 다 세트의 문제로 분류된다. 반면 약을 언제 어디에서 먹을지 등 환경의 차이나 투약 치

료에 대한 부모님의 반대 같은 주위의 의견으로 고민한다면 그것은 세팅의 문제이다.

이런 용어는 위법 약물 연구에서 생겨난 말이지만, 그 후 조사에 따라 항우울제, 향정신성 의약, 감기약 등의 일반 약의 효과에도 관계있는 것이 밝혀졌다. 세트와 세팅이 긍정적일수록 약의 효과가 높아지고 만약 본인이 약의 효과에 대해 의심하거나 주위의 동의를 얻지 못한 상태라면 그 효능은 20~100퍼센트의 범위까지 떨어진다.[5]

이와 유사한 연구는 많이 이루어지고 있다. 약의 크기가 클수록 효과가 좋다거나, 같은 성분이라도 1정보다 2정을 먹는 편이 약효가 높다거나, 치료사가 사복보다는 하얀 가운을 입었을 때 마음의 병이 빨리 낫는다고 생각되거나 하는 등의 이유는 이와 같은 요소들이 전부 우리의 세트와 세팅을 정돈해주기 때문이다.

하버드대학교 의학부의 테드 캡척은 다음과 같이 지적했다.[6] "약물과 심리치료의 효과를 비교한 연구를 보면 의식적인 요소가 작용하는 경우가 많다. 약의 효과를 보기 위해서는 정해진 시간에 진료소에 가서 백의를 입은 전문가의 진찰을 받고 기묘한 처치를 받아야만 한다."

병원이 우리의 좋지 않은 상태를 낫게 해주는 것은 단순히 화학 물질을 처방했기 때문이 아니다. 국가와 전문가가 인정한 기관에 애써 방문하여(세팅) 그 결과로 '나는 적절한 치료를 받았다'는 기대(세트)가 생기는 것도 병원에서 아픈 곳을 치료하는 이유 중 하나라는 것이다.

물론 세트와 세팅은 마법의 약이 아니므로 악성 종양을 없애지는 못하고 눈이 보이지 않는 사람에게 시력을 돌려주는 효능도 없다. 치료에는 화학 물질이나 외과 수술의 힘이 절대로 필요하다. 하지만 그것과 동시에 세트와 세팅이 조현병처럼 어려운 증상을 완화시켜주는 것 또한 사실이다. 철학자 볼테르도 말했듯이 의료 기법이란 환자를 즐겁게 해주는 것에 있다는 것이다.

4 _____ 　　　　　　　　内부로부터의 위협

세트와 세팅을 정돈하기 위해서는 두 가지 접근법이 있다.

❶ 외부 환경의 조정
❷ 내부 환경의 조정

첫 번째의 외부 환경은 이해하기 쉬울 것이다. 문자 그대로 우리를 둘러싼 주변 세계를 가리킨다. 만약 이웃 사람이 심각한 소음을 낸다거나 회사에서 불합리한 지적을 계속 받는다면 누구나 스트레스가 만성화될 것이다. 프롤로그에서 설명했듯이 우리의 뇌는 주위의 이변을 쉼 없이 경계하고 있고, 만약 자신의 집이나 직장이 위협으로 가득 찬다면 우리의 뇌는 머지않아 자기를 앞세워 '나는 이대로 가만있어도 괜찮은 걸까?' 같은 두 번째 화살을 쏘기 시작한다.

이 문제를 해결하기 위해서는 환경을 바꾸는 수밖에 없다. 전통적인 선禪 수행을 속세와 떨어진 선림禪林에서 행하고, 그리스도교의 수도원이 금지 구역을 설정하여 외부 사람을 내쫓는 것도 모두 자신이 보호받고 있다는 감각을 뇌에 부여하기 위한 조치이다.

그리고 두 번째 내부 환경은 우리 내측의 변화를 의미한다. 이것을 다시 두 가지 하위 카테고리로 나눌 수 있다.

❶ 사고와 이미지
❷ 장기의 감각

먼저 사고와 이미지는 뇌에 떠오르는 과거의 실수에 대한 기억이나 자기부정의 말 같은 것이다. 인간의 뇌는 외부뿐만 아니라 자신의 내면에서도 끊임없이 모니터링을 하면서 우리의 과거와 미래에 문제가 없는지 체크한다. 만약 나는 쓸모없는 인간이라는 사고가 떠오르면 우리의 뇌는 위협이 나타났다고 판단하여 자기를 작동시킨다. 미래에 일어날지 모를 문제를 상상하고 불안을 느끼는 것도, 친한 사람에게 거짓말을 들킨 기억으로 부끄러운 감각이 일어나는 것도 전부 우리의 뇌가 내부 환경을 모니터링한 결과이다.

다음으로 장기의 감각은 2장에서도 이야기한 인체의 고성능 센서가 감지해낸 신체 변화를 의미한다. 뇌를 위태롭게 만드는 위협은 외부뿐만 아니라 내부에서도 덮쳐온다.

이와 같은 사실을 머릿속에 담아두고 세트와 세팅을 정돈하는 방법을 알아보자. 우선 진부하지만 식사, 운동, 수면의 개선은 필수적이다. 영양 불균형과 운동 부족으로 인해 건강이 나빠지면 본인도 모르게 부정적인 감정에 크게 영향이 미친다. 어떤 심리적 방법을 사용하든지 간에 신체 상태를 개선해두지 않으면 우리는 불쾌한 기분에서 벗어날 수 없다.

식사, 운동, 수면의 개선에 대해서는 굳이 언급하지 않겠지만 특별한 방법을 사용할 필요는 없다. 보건복지부나 세계보건기구WHO 등에서 내놓는 일반적인 건강 가이드라인을 지키기만 해도 충분하다. 자신의 라이프스타일에 따라 몸의 컨디션을 조절하면서 앞으로 소개하는 훈련들도 적절히 병행해보자.

모든 방법을 가볍게 해볼 수 있지만 처음에는 큰 차이를 느끼지 못할지도 모른다. 하지만 우리의 정신 기능은 의외라고 느껴질 정도로 유연하고, 거기에 더해 작은 개입으로도 큰 변화를 일으킬 가능성을 감추고 있다. 자신에게 잘 맞을 것 같은 방법을 두세 가지 선택하여 최소한 3주 동안 지속한다면 조금씩 우리 마음속에 '안심'의 감각이 뿌리내릴 것이다. 이것이 우리를 지키는 결계가 된다.

5 ———————— 세트를 정돈한다

먼저 세트를 정돈하는 방법이다. 구체적으로는 감정 입자도 높이기와 내수용성 감각 훈련 두 가지이다. 가장 큰 목표는 우리 내면의 움직임을 똑바로 인식하여 뇌에 안정감을 부여하는 것이다.

1. 감정 입자도 높이기

감정 입자도Emotional granularity는 모호한 감정을 말로 자세하게 표현하는 능력을 나타내는 심리학 개념으로, 이 능력이 높은 사람과 낮은 사람의 차이는 다음과 같다.

• 감정 입자도가 낮다

무언가 싫은 일이 생겼을 때 모든 것을 '짜증 난다'거나 '기분 나쁘다' 등 한두 개의 단어만으로 표현한다.

• 감정 입자도가 높다
기분이 나쁜 상황을 '신경을 건드린다', '분개하다', '초조하다'
같이 다양하게 표현하고, 그중에서 가장 비슷한 말을 선택할
수 있다.

사소한 능력처럼 생각될지도 모르지만 최근 수년 동안의
연구에 따르면 감정 입자도가 정신의 안정에 크게 관여한다
는 사실이 밝혀졌다. 감정 입자도가 높은 사람들을 조사한
조지메이슨대학교 등의 연구팀은 감정의 언어화가 뛰어난
사람들은 대체로 자기통제 능력이 뛰어났고, 알코올이나 약
물에 의존하지 않으며 병에도 쉽게 걸리지 않는다고 보고했
다.[7] 그 이유는 감정 입자도가 높을수록 뇌가 혼란을 일으키
기 어려워지기 때문이다.

'기분이 나쁘다'라는 하나의 감정에는 다양한 농도의 차
이가 있다. 상황에 따라서 우리 내부에는 여러 개의 감정이
뒤섞여 있으므로 분노나 슬픔 같은 특정 감정으로 정리할 수
있는 때가 오히려 드물 것이다. 슬픔이 섞인 분노, 초조함이
불러일으킨 분노, 기대 뒤에 숨어 있는 초조함처럼 비슷한

감정 안에도 다양한 기분이 섞여 있는 것이 더 일반적이다. 이런 감정의 차이는 신체에도 반영되어 땀이 나는 양의 차이나 근육이 긴장하는 정도의 차이로 나타난다.

그런데 여기서 복잡한 감정을 '짜증 난다'는 한 가지로만 인식하면 뇌가 혼란을 일으키기 시작한다. 신체의 센서는 미묘하게 다른 감각 데이터를 보내오는 반면 의식은 늘 하나의 감정으로 정보를 처리하는 탓에 그사이에 충돌이 생기기 때문이다. 고민을 하던 뇌는 정보를 제대로 처리하지 못하게 되고, 계속해서 스트레스 반응을 이어간 결과 우리는 '어쩐지 짜증이 난다'는 미묘한 기분을 계속해서 느끼게 된다. 상사가 "내일까지 서류 세 가지를 완성해줘"라고 했을 때는 괜찮은데, 단순히 "잘 해봐"라고만 한다면 어찌해야 할지 모르는 것과 비슷한 상태이다.

감정 입자도를 높이는 방법은 두 가지가 있다.

❶ 새로운 말을 배운다.
❷ 감정 라벨링을 한다.

가장 쉬운 방법은 모르는 표현을 접하는 것이다. 평소에는 손을 대지 않을 것 같은 소설을 골라 읽으며 단순히 '슬프다'

뿐만 아니라 '서글프다', '쓸쓸하다', '가련한 마음을 자아내다', '애처롭다' 등등 다양한 감정의 농도를 드러내는 표현을 익혀 둔다. 또 새로운 단어를 배우는 것뿐만 아니라 '구멍 속에 떨어진 것 같은 고독'이나 '돼지처럼 살쪄가는 고독' 같은 비유적인 표현을 접하는 것도 효과적이다. 새로운 표현을 접할 때마다 과거의 어떤 감정에 들어맞는 표현인지 생각해보는 것도 좋다.

미지의 외국어를 접하는 것도 효과가 있다. 예를 들어 이누이트어에는 누군가를 기다리는 기대감을 의미하는 익트수아르포크iktsuarpok라는 단어가 있고, 힌디어에는 사랑하는 사람과 헤어졌을 때 생기는 마음의 통증을 의미하는 비라아그viraag라는 표현이 있다. 이렇게 단어를 아는 것만으로도 우리의 뇌는 감정을 원활하게 처리할 수 있게 되어 스트레스에 강해진다.

두 번째의 감정 라벨링은 우리가 일상에서 느끼는 감각을 정확하게 표현해보는 게임이다. 눈을 감고 과거에 접했던 부정적인 경험을 두세 가지 정도 떠올려보자. 모르는 사람으로부터 호통을 들었다거나, 일하다 실수를 했다거나, 사람이 많은 곳에서 넘어졌던 기억이라도 상관없다. 싫은 기억을 똑똑히 떠올렸다면 거기에서 발생한 감정의 종류를 가능한 한 세세하게 표현해보자. '맨살에 벌레가 잔뜩 기어 다니는 것 같은 압박감' 같은 비유를 사용해도 좋고, '분노 30퍼센트, 슬픔 20퍼센트, 초조함 50퍼센트'처럼 감정을 비율로 표시해도 좋다. 적당한 표현을 찾기 어려울 때는 감정 표현 사전이나 유의어 사전을 찾아보는 것을 추천한다.

마찬가지로 일상생활 속에서 기분 나쁜 일이 일어난 직후도 '감정 라벨링'을 할 수 있는 기회다. 일하다 실수를 했을 때나 SNS에서 무례한 댓글을 보고 반사적으로 분노나 부끄러운 감정에 휩쓸리기 전에 '이것은 구멍에 들어가 성불할 때까지 나오고 싶지 않을 정도의 부끄러움이다', '불합리함에 대한 의분義憤에 가까운 분노다'라는 식으로 그 순간에 느낀 감정에 딱 맞는 말을 찾아보자. 정확한 말을 찾을 수 있다면 그 직후부터 뇌가 느끼는 위협의 감각은 줄어든다.

라벨링하기를 하루에 5~10분 정도, 2~3주 동안 계속하는 것을 목표로 하면 좋다. 화가가 보통 사람에게는 보이지 않는 색의 차이를 구별해내는 것과 마찬가지로 머지않아 다채로운 감정을 분류하는 기술이 습관이 되면 라벨링되는 감정이 언어의 결계가 되어 자신을 지켜줄 것이다.

2. 내수용성 감각 훈련

내수용성 감각은 앞에서 설명한 장기의 감각을 감지하는 능력을 가리킨다. 만약 호흡 속도나 심박수, 체온 변화를 정확하게 파악할 수 없다면 내수용성 감각이 낮다고 볼 수 있다.[8] 말하자면 내장의 위협 센서가 만족스럽게 작동하고 있지 않은 상태이다.

앞에서 이야기했듯이 신체 상태는 감정에 영향을 주는데, 내수용성 감각이 나쁠 때도 우리의 정신에 부정적인 효과를 가져온다. 심장 박동이나 호흡 변화 등은 쉽게 알 수 있지만, 사실 현대 사회를 살아가며 신체 변화에 대해 정확하게 인지하고 있는 사람은 의외로 많지 않다.[9] 한 예로 영국 잉글랜드의 엑서터대학교 연구에서 심각한 우울증에 시달리는 참가자를 조사해본 결과 정신적으로 많이 힘든 사람일수록 자신의 심박수를 정확하게 측정하지 못하는 경향이 있었다.[10] 그외에도 불안, 우울로 쉽게 괴로워하는 사람일수록 자신의 체온과 공복감, 맥박 같은 정보를 제대로 살피지 못한다는 보고도 많았다. 이런 연구 결과를 보면 내수용성 감각과 정신 사이에 큰 상관관계가 있는 것이 틀림없다.[11]

내수용성 감각의 혼란으로 괴로움이 생겨나는 원인은 감정을 요령껏 다루지 못하게 되기 때문이다. 반복해서 말하지만 인간의 부정적인 감정은 변화에 빠르게 적응하기 위한 생존 도구로 진화해왔다. 분노는 우리에게 행동하는 용기를 주고, 불안은 문제 해결에 필요한 집중력을 높이고, 슬픔은 공동체를 연결시키는 작용을 한다. 부정적인 감정이 없으면 우리는 외부 세계의 위협에 적절히 대응할 수 없다.

하지만 우리 뇌는 신체가 전달하는 감각 정보를 바탕으로 감정의 강도를 판단하기 때문에 내장의 감각을 파악하지 못하면 자신이 느끼는 감정의 강도를 똑바로 측정할 수 없다. '이 기분은 유쾌한 것일까, 불쾌한 것일까?' 정도의 판단은 내릴 수 있지만, 긴장, 공포, 분노, 동요 같은 감정을 구별할 수 없게 된다.

미국 노스이스턴대학교의 리사 펠드먼 배럿의 연구에 따르면 내수용성 감각이 낮은 사람일수록 감정의 강도를 식별하지 못하고, 분노와 슬픔과 동요와 우울 같은 서로 다른 기분을 거의 같은 것으로 받아들인다고 한다.[12] 그 결과 그들의 뇌는 감정의 다양성을 알아차리지 못하기 때문에 눈앞의 문제를 정확하게 판단하는 능력이 떨어진다. 요약하자면 신체 감각의 파악은 뇌의 스트레스를 줄이기 위한 이정표이다.

6 —————— 내수용성 감각을 단련한다

내수용성 감각을 높이는 방법은 여러 가지가 있다. 여기서는 남오스트레일리아주 정부의 교육부에서 만든 프로그램을 소개해보겠다.[13] 내수용성 감각 트레이닝 프로그램을 초등학생에게 8~16주에 걸쳐 실시한 결과 학습 의욕이 올라가고, 집단 따돌림이나 등교 거부가 감소하는 성과를 얻었다. 내수용성 감각이 좋아지면서 스트레스가 줄어들었고, 그 덕분에 문제 행동이 교정되고 의욕이 개선된 것으로 보인다. 하루 5~15분이면 충분하므로 다음 훈련 중에서 마음에 드는 것을 몇 가지 골라서 따라해보자.

심박수 훈련

손목이나 심장 등에 손을 대지 않고 자신의 심박수를 추측해보는 훈련이다.

❶ 손목이나 심장에 손을 대지 않고 자신의 심박수가 30초 동안 몇 회일지 추측해본다.

❷ 자신의 심박수가 40초에 몇 회일지 추측해본다.

❸ 자신의 심박수가 50초에 몇 회일지 추측해본다.

❹ 손목이나 심장에 손을 대고 30초, 40초, 50초 각각의 실제 심박수를 세어본다.

❺ 측정이 끝났다면 모든 수치를 식에 넣어보자.

1 - (|실제 심박수 - 추측 심박수|) ÷ {(실제 심박수 + 추측 심박수) ÷ 2}

이 식에서 계산되어 나온 수치는 다음과 같이 판단된다.

• 0.7 이상 = 내수용성 감각이 평균보다 높다.
• 0.61~0.69 = 일반적인 내수용성 감각이지만 아직 개선의 여지가 있다.
• 0.6 이하 = 내수용성 감각이 평균보다 낮다.

심박수 트레이닝은 내수용성 감각의 정확도를 측정하는 테스트로 사용할 수 있기 때문에 자신의 내수용성 감각이 좋아졌는지 정기적으로 판단해보기에도 좋다.

근육 감각 훈련

가장 기본적인 내수용성 감각 훈련이다. 자기 전에 침대나
이불 위에서 실천해보자.

❶ 똑바로 누워 천천히 호흡한다. 눈을 감아도 상관없다.

❷ 4초에 걸쳐 숨을 들이마시며 눈과 이마에 최대한 힘을 주
었다가 8초에 걸쳐 숨을 내쉬면서 힘을 뺀다.

❸ 4초에 걸쳐 숨을 들이마시며 최대한 입을 크게 벌렸다가
8초에 걸쳐 숨을 내쉬면서 힘을 뺀다.

❹ 4초에 걸쳐 숨을 들이마시며 양 손가락과 두 팔을 최대한
크게 뻗었다가 8초에 걸쳐 숨을 내쉬며 힘을 뺀다.

❺ 4초에 걸쳐 숨을 들이마시며 양 발가락을 둥글게 말아 힘
을 주다가 8초에 걸쳐 숨을 내쉬면서 힘을 뺀다.

❻ 4초에 걸쳐 숨을 들이마시며 두 다리에 최대한 힘을 주었
다가 8초에 걸쳐 숨을 내쉬면서 힘을 뺀다.

❼ 4초에 걸쳐 숨을 들이마시며 얼굴, 양손, 팔, 다리에 최대
한 힘을 주었다가 8초에 걸쳐 숨을 내쉬면서 힘을 뺀다.

❽ 천천히 호흡을 반복하면서 온몸의 힘이 빠진 상태를 느끼

며 마무리한다.

이때 주의해야 할 점은 전신의 각 부위에 힘을 골고루 넣으면서 근육의 변화에 주의를 기울이는 것이다. 근육이 단단해지는 감각과 힘을 뺀 직후의 감각을 충분히 느껴보자. 하루 5~10분씩 최소 4주 동안 계속해본다. 긴장을 풀어주는 효과가 좋은 훈련이므로 자기 전 루틴으로 넣는 것도 좋다.

수다르샨 크리야

수다르샨 크리야Sudarshan Kriya는 요가 호흡의 한 종류이다. 최근 10여 년 사이에 스트레스나 우울 증상을 개선하는 데 효과가 높다는 것이 검증되었다.[14] 방법은 다음과 같다.

❶ 등을 곧게 펴고 가부좌를 하고 앉은 후 양 옆구리에 손을 둔다.

❷ 4초 동안 코로 숨을 들이마신다. → 4초 동안 숨을 멈춘다. → 6초 동안 입으로 숨을 내쉰다. → 2초 동안 숨을 멈춘다.

❸ ❷번 호흡을 1세트로 하여 8세트 반복한다. 끝났다면 평소 호흡으로 돌아와 10초 휴식을 취한다.

❹ 양손을 가슴 앞에 둔 후 그대로 ❷번 호흡을 8세트 반복한

다. 끝났다면 평소 호흡으로 돌아와 10초 휴식을 취한다.

❺ 양쪽 손바닥을 어깨에 올리고 그대로 ❷번 호흡을 6세트 반복한다. 끝났다면 평소 호흡으로 돌아와 10초 휴식을 취한다.

❻ 최대한 빠른 호흡을 30~50회 한다. 그사이에는 숨을 들이마시는 동시에 양팔을 올리고, 숨을 내쉬는 동시에 양팔을 내린다. 끝났다면 평소 호흡으로 돌아와 10초 휴식을 취한다.

❼ ❻번 호흡을 추가로 2세트 반복한다.

❽ 마지막으로 '오—'라고 소리를 내면서 심호흡을 3회 반복하고 마무리한다.

수다르샨 크리야는 몇 가지 패턴으로 호흡을 하기 때문에 각 단계마다 가슴과 복부에 다른 감각이 생긴다. 호흡 속도를 바꾸면 어떤 기분이 되는지, 손바닥을 놓는 위치에 따라 호흡에 차이가 있는지 등 감각의 변화에 의식을 집중해보자.

참고로 이 호흡법은 심호흡과 고속 호흡의 조합으로 몸을 편안하게 해주는 동시에 각성 상태를 만드는 작용을 한다. 실제로 해보면 알 수 있겠지만, 기분은 온화한데 머리는 또렷해지는 독특한 감각으로 바뀌기 때문에 높은 집중력이 필요한 일을 시작하기 전에 준비 운동으로 사용하면 효과적이다. 처음 목표로는 모든 단계를 하루 1회씩 최소한 4주 동안 계속하는 것이 좋다.

수다르샨 크리야

1단계 4초 동안 코로 숨을 들이마신다.

4초 동안 숨을 멈춘다.

6초 동안 입으로 숨을 내쉰다.

2초 동안 숨을 멈춘다.

(이것을 8세트 반복한다.)

2단계 위와 같은 호흡을 8세트 반복한다.

3단계 위와 같은 호흡을 6세트 반복한다.

각 단계 사이에 10초 휴식을 취한다.

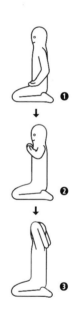

최대한 빠른 호흡을 30~50회 한다.

그사이에는 숨을 들이마시는 동시에 양팔을 올리고, 숨을 내쉬는 동시에 양팔을 내린다.

끝나면 평소 호흡으로 10초 휴식을 취하고, 2회 더 반복한다.

숨을 내쉰다

숨을 들이마신다

'오—'라고 소리를 내면서
심호흡을 3회 반복한다.

세팅을 정돈한다

이어서 세팅을 정돈하는 방법으로 넘어가보겠다. 구체적인 방법은 피난소 만들기와 그라운딩 두 가지이다. 여기서부터는 우리를 둘러싼 환경을 정리해가자.

I. 피난소 만들기

세팅 조정을 시작할 때는 당연히 자신의 집이나 방부터 개선해나가는 것이 좋다. 실내를 정돈하고, 식물을 들이고, 마음에 드는 가구를 선택하는 등 자신이 쾌적하게 느끼는 공간을 만드는 것은 뇌를 안정시키는 효과가 있다.

하지만 자신의 방은 정돈할 수 있어도 자신이 제어할 수 없는 회사나 학교 등은 어떻게 할 수가 없다. 이런 경우에 대비하여 여기에서는 뇌 안에 자신만의 피난소를 만드는 방법을 살펴본다. 마음속 깊이 안정감을 느끼는 환경을 머릿속에 준비해두고 필요할 때마다 도망칠 수 있도록 해두는 것이다.

1. 세이프플레이스 워크

세이프플레이스 워크는 심리치료에서 사용하는 기법으로 불안과 신경증으로 힘든 사람에게 자주 사용된다.[15] 구체적인 방법을 살펴보자.

❶ 마음이 차분해지는 환경에서 편하게 앉아 눈을 감는다.
❷ 나의 마음을 편안하게 해주는 장소나 상황은 무엇인지를 생각하며 머릿속에 어떤 이미지가 떠오르기를 기다린다. 그 이미지는 자신이 이전에 갔던 장소일 수도 있고, 언젠가 가보고 싶다고 생각하던 장소일 수도 있다. 또 영화에서 본 장소일 수도 있다.
❸ 떠오른 장소를 관찰하고 더 세세한 부분을 의식해보자. 만약 건물이 있다면 어떤 형태에 어떤 자재로 지어져 있는가? 만약 꽃밭 같은 이미지가 떠올랐다면 어떤 색채가 펼쳐져 있는가? 그 외에 깨달은 부분은 있는가? 가능한 한 자세하게 상상할수록 안정도는 쉽게 올라간다.

❹ 이어서 떠오른 이미지 속에 발생하고 있는 소리, 혹은 정적에 주의를 집중해보자. 멀리서 어떤 소리가 들리는가? 가까운 곳의 소리는? 귀를 기울이면 들리는 소리는? 이 부분도 가능한 한 자세하게 이미지를 떠올려보자.

❺ 이번에는 피부 감각에 초점을 맞춰본다. 발바닥에 느껴지는 지면의 단단함, 주위 온도와 습도, 공기의 움직임 등 느낄 수 있는 모든 것을 최대한 분명하게 떠올려본다.

❻ 마지막으로 머릿속에 떠오른 이미지에 점수를 매긴다. 안정감이 전혀 느껴지지 않는다면 0점, 마음속까지 안정감이 느껴진다면 100점이다. 최종적으로 80점 이상의 이미지가 만들어질 때까지 몇 번이고 같은 일을 반복한다.

이 방법에서 중요한 것은 이미지를 적극적으로 그려서는 안 된다는 점이다. '이것은 남쪽 나라의 이미지이니까 이런 식물이 자라고 있겠지'처럼 이치에 맞게 상상을 펼치는 것이 아니라, '나에게 안전한 장소는 어떤 곳인가?'라는 질문에 세이프플레이스의 풍경이 내면에서 자연스럽게 떠오르기를 기다리는 것이다. 만약 이때 좋은 이미지가 떠오르지 않아도 문제되지 않는다. 우리의 상상력은 근육과 같아서 몇 번이고 반복하는 사이에 조금씩 적절한 세이프플레이스가 떠오르게 될 것이다.

완성된 세이프플레이스를 일상에서 스트레스를 받았을 때 사용해보자. 회사나 학교에서 부정적인 감정이 솟아오를 때, 잠들기 전에 갑자기 불안이 덮쳐올 때에 천천히 눈을 감고 뇌 안에 있는 세이프플레이스를 불러내어 잠시 동안 그 이미지 속에 머무른다. 상상의 피난소가 의미가 있는지 의문을 갖는 사람도 있겠지만, 앞 장에서 살펴본 것처럼 우리가 겪는 세계는 애초에 대부분이 뇌가 만들어낸 이미지로 이루어져 있다. 우리의 뇌는 현실 데이터와 상상의 데이터를 확실하게 구별하지 못하고, 머릿속에서 만든 영상도 현실적인 것으로 취급한다.

2. 소셜서포트 워크

이것도 인지행동요법에서 잘 알려진 방법으로, 다른 사람과 이어져 있다는 감각을 통해 뇌에 안정감을 주기 위해 사용한다. 인류는 언제나 그룹 속에서 살아왔기 때문에 사회로부터 고립되면 만성적 스트레스를 느낀다. 반면 신뢰할 수 있는 누군가가 있는 것만으로도 큰 안정감을 느낄 수 있도록 진화해왔다. 그 영향력은 생각보다 크다. 브리검영대학교 등 148개의 선행 연구를 정리해서 조사한 결과 고독감은 담배

나 운동 부족보다 신체에 나쁘다는 보고가 있었다.[16]

　아래 소개하는 방법을 통해 사회와의 관계성을 새롭게 확인하는 훈련을 할 수 있다.

❶ 네트워크 리스트 작성

　우선 자신의 사회적인 네트워크에 존재하는 사람을 생각나는 대로 적어본다. 다음의 예를 참고해보자.

- 친밀한 사람: 친한 친구, 가족, 동료 등.
- 얼굴을 아는 사람: 가끔 인사하는 이웃, 단골 가게의 점원, 종종 스쳐 지나가는 사람 등.
- 동경하는 사람: 자신이 이상적이라고 생각하는 사람, 존경하는 과거의 위인, 좋아하는 영화나 책 속의 가공 캐릭터 등.
- 도움이 될 만한 사람: 주치의, 예전 은사, 법률상담소, 인터넷 커뮤니티 등.

　리스트가 완성되면 각각의 인물에게 어느 정도 친밀감을 느끼고 있는지 생각해본 후 친밀하게 느끼는 사람과 캐릭터를 최소한 열다섯 명 정도 골라 다음 그림처럼 원을 그리고

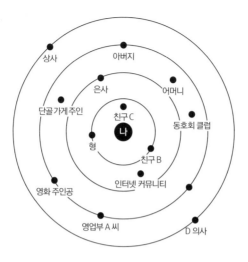

위치를 정해보자. 친밀감을 크게 느끼는 사람일수록 원의 안쪽에 점을 찍는다.

❷ 소셜서포트 분석

원이 완성되었다면 다음 질문에 대해 생각해본다.

- 이 가운데 어떤 인물과 가장 오랜 시간을 함께하고 싶은가?
- 친밀한 사람과 접촉하는 시간을 늘리기 위해 무엇을 할 수 있을까?
- 고민거리를 상담할 수 있는 사람은 누구일까? 만약 없는 경우에는 전문 조직이나 기관에 상담을 할 수 있을까?

이것이 소셜서포트 워크이다. 이 그림을 항상 가지고 다니면서 부정적인 감정이 생겨나기 시작했을 때 꺼내본다. 이 작업은 나는 사회 안에서 살아가고 있다거나, 필요할 때는 도움을 받거나 마음을 기댈 수 있는 존재가 있다는 사실을 새롭게 깨닫게 해준다. 그러면 곧 스트레스 반응이 떨어진다. 살아가면서 새로운 소셜서포트가 나타난다면 그때마다 리스트에 추가하면 좋을 것이다.

II. 그라운딩

그라운딩은 심리요법의 분야에서 사용되는 기술로, 현재로 마음을 되돌리는 노하우의 총칭이다.[17] 1장에서 본 것처럼 괴로움이 악화되는 가장 큰 이유는 뇌가 자기를 기점으로 미래 혹은 과거로 이미지를 확장시켜 부정적인 감정이 확대되기 때문이다. 우리의 의식이 현재에서 벗어나 있기에 인류의 고민은 끊이지 않는 것이다.

따라서 그라운딩에서는 미래와 과거를 향한 의식을 현재로 되돌려 괴로움을 감소시킨다. 현재는 미래의 불안과 과거의 실패가 존재하지 않는 안전지대이며, 눈앞의 세계에서 떨어져 나가지 않으면 그 이상의 재앙은 일어나지 않는다. 말하자면 현재를 결계로 사용하는 것이다.

다음은 대표적인 그라운딩 방법들이다. 자신의 내면에 부정적인 감정이 생겼다면 몇 가지를 골라 시도해보자.

1. 자기 해설법

자신의 이름과 나이, 지금 있는 장소, 그리고 다음으로 무엇을 할 것인지 등을 소리 내어 설명하는 수법이다.

"내 이름은 ○○, 40세. 지금은 사무실에서 프레젠테이션 자료를 만들고 있다. 이후에는 자주 가는 카페에 가서 점심을 먹고……."

이런 식으로 지금의 상황을 담담하게 이야기해보자. 뇌가 즉시 현재로 의식을 향해 몇 분이면 기분이 편안해질 것이다.

2. 54321법

명칭 그대로 오감을 사용하는 그라운딩 기법이다. 갑자기 불안한 마음이 생기거나 기분이 울적해졌다면 아래 설명하는 순서를 따라 현재로 돌아오자.

❶ 지금 눈에 보이는 것을 다섯 가지 고른다. 카펫의 얼룩이나 벽에 생긴 흠집 등 주위를 둘러보며 평소에는 알아보지 못했던 것을 선택해보자.

❷ 촉각으로 느낄 수 있는 것을 네 가지 고른다. 피부 감촉, 테이블 표면의 굴곡 등에 의식을 집중해보자.

❸ 귀에 들리는 소리를 세 가지 고른다. 밖에서 달리는 자동차 소리, 새가 지저귀는 소리 등 평소에는 눈치채지 못했던 것을 선택해보자.

❹ 코로 맡을 수 있는 냄새를 두 가지 고른다. 실내 향기, 소나무 냄새, 조리 중인 음식의 냄새 등을 의식적으로 맡아보자.

❺ 마지막으로 지금 맛볼 수 있는 것을 한 가지 고른다. 음료수를 마시거나 껌을 씹어보는 등 혀에서 일어난 감각을 느껴보자.

그라운딩 도중에 의식이 다른 곳으로 향하더라도 당황하지 말고 오감으로 되돌리는 작업을 반복한다. 의식을 되돌릴 때마다 우리의 뇌는 안정감을 느끼며 스트레스 반응이 줄어들 것이다.

3. 암산법

머릿속으로 100에서부터 0이 될 때까지 7씩 뺄셈을 한다. 100, 93, 86, 79…… 이렇게 가능한 한 빠르게 계산을 이어간다. 암산은 뇌의 부하를 높이는 행위이기 때문에 몇 번이고 이어가는 사이에 머릿속이 계산에 대한 생각으로 가득 차면서 자연스럽게 미래나 과거에서 의식을 돌릴 수 있다.

이상의 방법들은 무언가 싫은 일이 생길 때 응급처치로 사용할 수도 있고, 감정 조절에도 효과적이다. 의식을 현재에 계속해서 둘 수 있도록 하루에 10~15분 정도 실행해보자.

8 ———————— 내면에 결계를 친다

사실 결계가 완벽한 것은 아니다. 우리를 둘러싼 환경은 항상 변하고 있기 때문에 아무리 강고한 담을 둘러도 무너질 날은 반드시 찾아온다.

그렇다고는 하지만 올바른 결계를 치는 방법을 알아두는 것과 모르는 것 사이에는 커다란 차이가 있다. 자기가 폭주를 시작한다면 전혀 다른 전개가 이어지기 때문이다. 사전에 우리 내면에 평상심의 토대를 만들어두면 아무런 대책 없이 세계의 변화에 맞서는 것보다는 확실히 이야기의 악영향에서 쉽게 도망칠 수 있을 것이다.

거듭 이야기하지만 결계란 수행을 바르게 하기 위해 정신의 토대를 만드는 작업이다. 다음 장부터 이야기할 수행법을 실천하기 전에 우리 내면에 결계를 쳐두자.

4장

악법

惡法 ｜ Evil Laws

1 ——————— 자기를 배우기 위해서는 어떻게 하면 좋을까?

일본에 불교의 선禪 사상을 널리 알린 13세기의 도겐 스님은『정법안장正法眼藏』에 이런 말을 남겼다.

불도를 배운다는 것은 자기를 배우는 일이고
자기를 배운다는 것은 자기를 잊는 일이다.

정신을 훈련할 때는 그저 자기를 배우는 것이 중요하고 다른 것에 손을 뻗을 필요는 없지만 자기에 대해 계속 배우기만 하면 머지않아 자기는 사라져갈 것이라는 말이다.[1] 이 발상이 어디까지 옳은가에 대해서는 아직 논의가 남아 있지만, 자기분석의 중요성을 의심하는 사람은 적을 것이다. 애초에 나는 어떤 존재인지를 알지 못하면 자기가 만들어내는 문제에 대한 대책을 세울 수 없다. 수식을 읽는 방법도 모르면서 갑자기 방정식을 풀려는 것과 같은 상태에 빠져버릴 것이 분명하다.

그렇다면 우리가 자기를 배우기 위해서는 구체적으로 어떻게 하면 좋을까? 앞에서 이야기했듯이 우리의 자기는 진화가 만들어낸 생존 도구의 하나이고, 환경에 따라 뇌가 만들어내는 이야기로 형성되는 허구의 존재이다. 지금까지 이 책에서 사용했던 용어로 말하자면 자기를 배우는 것은 우리가 어떤 이야기로 구성되어 있는가를 아는 것이라고 바꿔 말할 수 있다.

예를 들어 친구와 말다툼을 하게 되었을 때 해결 방법을 생각하는 사람이 있는가 하면 자신의 행동이 나빴던 것인지 고민하는 사람도 있다. 이런 사고의 차이는 우리의 형태를 만드는 이야기의 차이에 의해 발생한다. 구체적으로는 친구와의 말다툼이 시작된 순간에 뇌가 '다른 사람과 의견이 다른 것은 당연하며 문제 해결을 위한 긍정적인 과정이다'라는 이야기를 만든다면 우리는 부정적인 감정에 사로잡히지 않고 사태에 냉정하게 대처할 것이다. 반면 '나는 실수가 많은 사람이니까 내가 모르는 사이에 무언가 잘못을 저질렀나 보다'라는 이야기를 만든다면 자신에게 두 번째 화살을 쏘기 시작하게 된다.

이렇듯이 우리의 판단은 이야기의 영향을 크게 받아 우리 행동을 이끄는 법률처럼 작동한다. 이것이 고민을 해결하는 데 도움이 된다면 문제가 없겠지만, 인간의 행동이 때로는 일그러진 법률에 따라 움직이게 되는 경우가 많은 것은 앞에서도 설명했다. 말하자면 우리는 악법에 인생이 좌우되고 있는 것이다.

이 문제를 해결하기 위해서는 악법의 내용을 이해하는 것이 최우선되어야 한다. 따라서 이번에 이야기할 포인트는 다음 두 가지이다.

❶ 우리의 행동을 속박하는 악법을 파악한다.
❷ 악법에 대처하는 방법을 배운다.

자기를 배우기 위해서는 이 두 가지 포인트를 확보하는 것이 중요하다. 우선 우리의 악법은 어떻게 만들어지는지 살펴보자.

2 ———————— 인간은 스스로 괴로워한다

우리가 가지고 있는 악법은 인생에서 일어난 다양한 일을 바탕으로 만들어진다. 부모님이나 친구와의 관계, 학교와 사회에서의 실패 경험, 다른 사람에게 들은 무심한 말 등 모든 경험은 우리의 뇌에 데이터로 기억되어 일그러진 이야기를 만드는 토양으로 작용한다. 일반적으로 심리요법 분야에서는 악법이 만들어지기 쉬운 메커니즘을 이 가운데에서도 특히 세 가지로 정리하고 있다.

첫 번째는 유소년기의 트라우마다. 어렸을 때 학대를 받은 사람은 아무도 믿을 수 없게 되기 쉽다. 마찬가지로 어린 시절 가난으로 고생했다면 나는 아무것도 할 수 없다고 생각하기 쉽다.

두 번째는 사회의 세계관을 그대로 받아들인 경우이다. 경제학자 맥스 로저는 과거 25년간의 빈곤 데이터 추이를 살펴봤을 때 매일 13만 7,000명이 빈곤을 탈출하고 있다고 말했다.[2] 하지만 미디어는 세계의 기아와 폭력만을 보도하기 때문에 살아가기 험난하다는 세계관이 조금씩 심어지게 된다. 뿐만 아니라 학력이 낮다는 콤플렉스로 인해 자신이 가치가 없다는 생각에 빠지거나, 장애나 병 때문에 사회에 적절하지 않은 사람이라는 의식이 커지는 등 고정관념처럼 박힌 부정적인 이미지를 받아들이는 것도 일반적이다.

세 번째는 일상에서 일어난 별것 아닌 일이 법률로 자리 잡은 패턴이다. 친구에게 놀림을 받은 기억이나 시험에서 좋은 점수를 받았는데도 부모에게 무시당한 충격, 친구가 약속을 깬 슬픔 등 다양한 경험이 자신만의 법체계가 된다. 어떤 경험이 법률에 채택될지는 그때의 나이나 타고난 성격에 따라 다르고, 우리는 이를 컨트롤할 수 없다.

이렇게 말하면 나쁜 점만 있는 것 같지만, 뇌 안에서 만들어진 법체계 또한 원래는 우리를 지켜주기 위해 생겨난 것이다. 예를 들어 '나는 가치가 없다'라는 이야기를 기준으로 삼는다면 우리는 필요 이상의 행동을 절제하여 예측할 수 없는 사태로부터 몸을 보호할 수 있다. '무서운 세상이다'라는 이야기를 믿는다면 무모한 행동을 일으키지 않게 된다.

그런데 이런 법률은 특수한 상황에만 대처할 수 있기 때문에 일상적으로 사용하려고 해도 제대로 작동하지 않는다. 그럼에도 이전의 성공 경험을 잊지 못하는 뇌는 옛날부터의 법률을 그대로 계속해서 사용하고, 바로 거기서 괴로움이 생겨난다.

"인간의 정의를 하자면 이것 외에 아무것도 없다. 그저 불필요한 일을 조작하여 스스로 괴롭히는 자라고 말하면 그것으로 충분하다."

나쓰메 소세키가 『나는 고양이로소이다』에서 표현한 대로 우리 뇌는 항상 불필요한 규칙을 만들어 그것을 마치 현실인 것처럼 지각시킨다. 그 결과 인류의 고민은 끝없이 이어진다. 이 문제를 해결하기 위해서는 도겐의 가르침대로 자기를 배우는 것밖에 없다.

3 ——————— 우리의 괴로움을 좌우하는
18가지 악법

뇌 안의 악법을 고쳐 쓰는 것은 어려운 작업이다. 앞에서 이야기한 것처럼 뇌의 검색 엔진은 무척 우수하여 외부 세계의 이변을 감지한 순간부터 임의의 조항을 끄집어내기까지의 시간은 겨우 0.001초밖에 걸리지 않는다. 모든 처리는 전자동으로 이루어지고 지금 자신이 어떤 규칙에 따르고 있는지조차 우리는 판단하지 못한다.

즉, 자기를 배우기 위해서는 우선 처음 우리가 인생에서 구축해온 법체계의 내막을 알아둘 필요가 있다. 우리를 조종하는 규칙서의 내용을 파헤쳐 대체 자신이 어떠한 규칙에 조종당하고 있는지를 아는 것이 올바르게 자기를 배우는 첫걸음이다.

다만 우리 뇌에 새겨진 규칙의 수는 방대하기 때문에 하나하나 다 살펴볼 수는 없다. 우선은 많은 사람이 괴로워하는 악법의 전형적인 패턴을 알고, 자신에게 해당할 만한 내용을 확인하는 것이 가장 빠른 길이다.

가장 편한 방법은 콜롬비아대학교의 심리학자 제프리 영 연구팀이 고안한 패턴 분류를 사용하는 것이다.[3] 제프리 영 박사는 인간이 정신적 병을 앓는 이유는 우리가 인생에서 뇌에 축적한 사고, 감정, 행동 패턴이 기능 부전을 일으킨 탓이라고 주장하며, 이 발상을 바탕으로 심리도식치료schema therapy 라는 심리요법을 만들었다. 일반적으로 제1세대의 인지행동 요법이라고 불리는 치료법 중 하나로 종래에는 대처가 어려웠던 인격장애나 심각한 우울증의 재발을 치료하는 데 효과적이다.

심리도식치료에서는 악법의 패턴을 열여덟 종류로 분류한다. 우선은 그 내용을 쭉 한 번 읽어보며 평소 자신에게 해당하는 부분이 있는지 생각해보자.[4]

악법 1. 포기

이 악법을 가진 사람은 어떻게 해도 가족, 친구, 연인 등 친밀한 사람들을 전폭적으로 신뢰하지 못한다. 그 탓에 '어차피 나는 결국 혼자이다', '지금은 가까운 사람도 금방 멀어질 것이다' 같은 생각이 항상 따라다닌다. 유소년기에 부모로부터 충분한 보살핌을 받지 못했거나 입원 등의 이유로 장기간에 걸쳐 양육자와 떨어져 지낸 사람에게 많은 악법이다.

이 악법을 가진 사람은 언제나 인간관계에 불안을 느끼기 때문에 사람을 사귀는 방식이 서툴고, 그 탓에 친한 사람과의 사이가 깨지는 경우를 자주 볼 수 있다. 자신은 언제라도 버림받을 것이라는 마음이 강한 사람도 많기 때문에 인간관계가 만들어내는 불안을 견디지 못하고 커뮤니케이션을 피하거나 스스로 상대와의 사이를 깨뜨리는 일도 드물지 않다.

포기의 악법을 가지고 있는 사람의 특징은 다음과 같다.

친한 상대와의 관계에 매달린다. 다른 사람을 통제하려고 한다. 다른 사람과 멀어지는 것이 불안해서 자신의 감정과 욕구를 숨긴다. 버림받는 것을 두려워해서 다른 사람과 전혀 관계를 맺지 않는다.

악법 2. 불신

다른 사람은 분명 나를 속일 것이라거나 이용하려 한다고 생각하며 타인에 대한 불신을 항상 마음에 두고 있는 악법이다. '사람들은 늘 나를 속인다', '늘 손해 보고 있다', '대부분의 사람은 자신밖에 생각하지 않는다' 등의 생각이 강하여 쉽게 마음을 열지 못한다.

아무에게도 진심을 밝히지 않기 때문에 친밀한 관계를 맺지 못하고, 친절한 사람을 만나면 자신을 속이려는 것은 아닌지 불안해하면서 스스로 거리를 두기도 한다. 혹은 다른 사람에 대한 경계심이 지나쳐서 아무 일이 없었는데 상대를 공격하는 경우도 있다.

불신의 악법을 가지고 있는 사람의 특징은 다음과 같다.

다른 사람을 피하며 개인적인 일을 이야기하려고 하지 않는다. 항상 타인의 심리를 신경 쓴다. 항상 타인의 행동을 경계한다. 남의 말을 믿지 못한다. 타인은 자신을 이해해주지 않는다고 느낀다. 자신의 정보를 제공하면 타인에게 이용당한다고 느낀다.

악법 3. 박탈

자신이 원하는 감정적인 지원을 얻을 수 없다고 생각하는 악법이다. '나의 조언을 원하는 사람이 없다', '정신적으로 지지받고 있다고 느낀 적이 없다' 등의 관념에 사로잡혀 항상 무언가가 부족하다고 생각하지만 막상 무엇이 부족한지는 모른다. 가장 일반적인 악법의 하나로 어린 시절에 양육자로부터 만족스러운 돌봄을 받지 못한 사람에게서 많이 보인다.

박탈의 악법을 가지고 있는 사람의 특징은 다음과 같다.

자신의 감정과 원하는 것을 잘 알지 못한다. 가족과 친구에게 과잉의 애정을 쏟거나, 혹은 반대로 친밀한 인간관계를 포기한다. 자신의 기분을 다른 사람과 공유하지 않는다. 자신을 특별한 존재로 여기는 사람이 없다고 느낀다. 인생에서 버팀목이 되어주는 사람이 거의 없다.

악법 4. 결함

'나에게 무언가 근본적인 문제가 있다', '나는 열등하다' 같은 신념을 가지게 하는 악법으로 유소년기의 학대, 방치, 거절로 인해 생기는 경향이 있다. 양육자한테서 충분한 애정을 받지 못하고 성장하여 자신에게 잘못이 있다고 믿거나 무언가 잘못된 일을 했을지도 모른다고 생각하는 등의 악법이 설정된 상태이다.

사람을 대할 때 자의식과잉이 되기 쉽고, 실수를 할 때마다 강한 수치심을 느끼기 쉬운 것이 특징 중 하나이다. 뇌에서 끊임없이 자기혐오나 자기비판을 만들어내기 때문에 마치 자신이 가치가 없는 것처럼 느낀다.

결함의 악법을 가지고 있는 사람의 특징은 다음과 같다.

비판과 거절에 과민하게 반응한다. 항상 자신도 모르게 비판적인 상대를 선택한다. 스트레스 해소를 위해 음식을 먹거나 술을 마시는 것 등으로 도망친다. 타인에게 평가받는 상황을 피한다. 자신의 실수를 알고 있는 사람과의 관계를 피한다. 모든 것을 완벽하게 하려고 한다. 친밀한 관계를 만드는 것을 피하려고 한다.

악법 5. 고립

주변 사람들과 어울리지 못하고 겉돌면서 '모두 나를 이상하게 생각한다'고 여기게끔 만드는 악법이다. 유소년기의 잦은 이사, 외모나 장애로 인한 따돌림 혹은 경제 상황이나 종교 등의 이유로 생기는 주위 가정과의 차이 등 어렸을 때 겪은 소외 경험이 원인이 되는 패턴을 많이 볼 수 있다.

고립의 악법을 가지고 있는 사람의 특징은 다음과 같다.

다른 사람을 아예 피해버린다. 자신이 먼저 다른 사람에게 말을 걸지 않는다. 집단 안에서 편해지기 위해 술이나 약물을 사용한다. 닫힌 커뮤니티 안에서만 위세가 좋다. 다른 사람의 일을 지나치게 도와주려다 소외당한다.

악법 6. 무능

일상 문제에 잘 대처하지 못하거나, 살아가기 위해서는 다른 사람이 필요하다고 믿는 악법이다. 이 악법을 가진 사람은 자신이 무능하다고 굳게 믿기 때문에 언제나 본인의 판단을 확신하지 못한다. 유소년기에 자신의 의견으로 일을 결정하지 못했던 사람에게 일어나기 쉬운 경향이 있다.

무능의 악법을 가지고 있는 사람의 특징은 다음과 같다.

스스로 상식이 없다고 느낀다. 문제가 발생할까 과하게 걱정한다. 늘 다른 사람의 도움이나 조언을 원한다. 주요한 일을 미룬다. 문제가 일어났을 때 어떻게 하면 좋을지 모른다. 자신의 인생을 컨트롤하지 못하는 것처럼 느낀다.

악법 7. 취약

'무언가 안 좋은 일이 생기지 않을까……' 같은 공포를 만들어내는 악법이다. 병에 걸린 것은 아닌지, 재난으로 모든 것을 잃어버리지는 않을지 불안에 휩싸여 아무런 위험이 없을 때도 어떻게든 위험을 찾아내려고 한다. 부모님이 걱정이 많거나 과보호 아래에서 자랐을 경우에 발생하기 쉽다. 불안장애나 우울증의 원인이 되는 악법이다.

취약의 악법을 가지고 있는 사람의 특징은 다음과 같다.

이 세상은 위험하다고 느낀다. 생각이 빠른 속도로 돌아가는 것처럼 느낀다. 세상에서 일어나는 나쁜 일들이 신경 쓰인다. 갖고 있는 모든 재산을 잃을까 봐 걱정된다. 생각을 컨트롤하지 못하고 스트레스로 잠들지 못한다. 몸에 조금이라도 증상이 있으면 인터넷에서 병증을 계속해서 찾아본다. 안심하기 위해 몇 번이고 다른 사람에게 의견을 물어본다.

악법 8. 미분화

다른 사람의 욕구나 감정에만 신경을 쓰고 정작 자신에 대해서는 소홀해지는 악법이다. 이 악법을 가진 사람은 다른 사람이 침울해지면 자신도 침울해지고, 상대가 기뻐하면 자신도 기쁘고, 상대의 실패에도 자신이 실패한 것 같은 감정을 느낀다.

본인의 감정이 항상 타인의 지배 아래에 놓이기 때문에 인생이 자신의 것이 아닌 것처럼 느껴지거나, 인생이 공허하고 충족되지 않는다고 생각하기 쉽다. 부모나 친구에게 숨이 막힐 것 같은 답답함을 느끼는 경우도 드물지 않다. 자기애가 강한 부모 아래에서 자란 사람에게 쉽게 볼 수 있는 악법이다.

미분화의 악법을 가지고 있는 사람의 특징은 다음과 같다.

혼자서 지내는 것을 싫어한다. 부모님이나 배우자가 불행하면 자신도 불행해진다. 공허함을 떨치기 위해 술이나 자극적인 음식을 지나치게 섭취한다. 갑자기 부모님이나 친구에게 심하게 화를 내는 일이 있다.

악법 9. 실패

주변 사람들에 비해 실패한 삶을 살고 있다고 느끼게 하거나, 자신의 능력에 자신감을 전혀 가질 수 없게 만드는 악법이다. 경력, 인간관계, 금전 사정, 생활 전반 등 인생의 다양한 부분에서 실패했다고 강하게 느끼기 때문에 절망감과 우울감에 빠지기 쉽다. 어렸을 적에 부모나 주위 사람들로부터 자신의 노력을 비웃음당했거나 무언가에 도전하는 것을 비판받은 경험이 있는 사람에게 많은 악법이다.

실패의 악법을 가지고 있는 사람의 특징은 다음과 같다.

도전을 피한다. 일을 미룬다. 자신을 몰아붙이며 일 중독이 된다. 지금의 인생이 부끄럽다고 생각한다. 주위 사람들에 비해 자신은 능력이 없다고 느낀다.

악법 10. 거만함

이 악법을 가진 사람은 자신이 다른 사람보다 우수하기 때문에 특별한 권리를 얻을 자격이 있다고 느낀다. 어린 시절 과도하게 응석받이로 자란 사람에게 많은 악법이다. 오로지 자신의 욕구를 충족하기 위해서 다른 사람을 지배하기도 하며 극도의 경쟁심을 갖고 있다. 또한 이기적으로 행동하거나 규칙을 쉽게 무시하는 특징이 있다. 하지만 한편으로는 근본적인 자신감이 없거나 수치심을 안고 있어서 비판에 과도하게 반응하는 편이기도 하다.

거만함의 악법을 가지고 있는 사람은 자신에게 일어난 나쁜 일은 다른 사람 탓이라고 생각하기 쉬워 고치기 어려운 악법 중 하나이다.

타인에게서 부정이나 거절의 말을 받아들이지 못한다. 사회 규칙이나 제한에 따르지 않아도 된다고 생각한다. 자신의 잘못을 인정하지 않는다. 항상 자신의 일을 최우선으로 생각한다. 무엇을 해야 하는지 지시받는 것을 참지 못한다. 타인에게 지배욕이 강하다는 말을 들은 적이 있다.

악법 11. 방종

새로운 아이디어나 계획에 심취했다가도 시작하기만 하면 흥미를 잃어버리거나 집중력을 유지하기가 어렵고, 금방 다른 일에 의식을 돌려버리는 사람에게 많은 것이 방종이라는 악법이다.

다른 악법과 달리 중심이 되는 신념이나 생각이 있는 것은 아니고, 뇌의 전전두엽이 약하게 작용하는 탓에 자제심을 제대로 발휘할 수 없는 것이 큰 원인 중 하나이다. 전전두엽은 감정의 관리나 계획의 실행을 담당하는 뇌의 브레이크 시스템이라고도 불리는 영역이다.

이 기능이 저하되는 이유는 복잡하다. 어렸을 때부터 인내하는 법을 배우지 못했거나 부모로부터 방치되었거나, 유소년기부터 청년기까지 장기간에 걸쳐 스트레스를 받은 케이스 등 다방면에 문제가 걸쳐져 있다.

방종의 악법을 가지고 있는 사람의 특징은 다음과 같다.

음주, 흡연, 과식 등의 자멸적인 행동을 멈추지 못한다. 불쾌한 감정을 견디지 못한다. 에너지가 지나치게 넘쳐 생산적인 일에 사용하지 못한다. 나중에 후회할 것 같은 결단을 쉽게 내린다.

악법 12. 복종

자신의 의견을 말하는 것이 서투르고 분노나 슬픔을 느껴도 겉으로 드러내지 않는 경향이 강한 사람은 복종의 악법에 좌우되고 있을지도 모른다. 스트레스가 많은 가정에서 성장한 사람이 갖기 쉬운 악법으로, 유소년기에 본인의 생각을 말하지 않는 편이 안전하다는 각인이 생겼을 가능성이 있다. 감정을 쌓아두는 탓에 타인에게 이용당하고 있다거나, 사람들이 자신을 얕본다고 느끼기 때문에 다른 사람과의 관계를 원하지 않는다.

복종의 악법을 가지고 있는 사람의 특징은 다음과 같다.

정신적으로 상처받아도 다른 사람에게 말하지 못한다. 다툼이나 거절을 피하기 위해 타인을 기쁘게 해주려는 일을 많이 한다. 상대의 전화를 받지 않는다. 타인을 무시한다. 부탁받은 일을 대충 끝내는 등 수동적인 방법으로 다른 사람을 공격한다.

악법 13. 희생

이 악법을 가진 사람들은 부탁을 받으면 거절하지 못하거나 괴로워하는 사람을 보는 걸 힘들어한다. 또한 다른 사람보다 자신을 우선하는 것은 이기적이라고 생각한다. 다른 사람을 돕고 관대한 행동으로 이어지기 때문에 겉으로 보기에는 좋은 법률처럼 생각되지만 그 뒤에서는 자신의 감정과 행복을 희생하고 있기 때문에 피로감과 공허함, 분노가 조금씩 축적된다.

정서 불안과 의존증 등을 겪은 부모 아래에서 자랐거나 어린 시절 형제나 부모를 돌봐야만 했던 사람이 갖기 쉬운 악법이다. 뇌 안에 자신보다 타인을 우선해야만 한다는 강박이 새겨진 상태다.

희생의 악법을 가지고 있는 사람의 특징은 다음과 같다.

타인에게 도움이나 조언을 요청받는 일이 많다. 친한 사람이 부탁하면 거절하지 못한다. 타인에게 주는 것이 받는 것보다 많다. 남이 고생하는 것보다 자신이 하는 편이 마음 편하다. 남을 도와주다가 피로나 소모감을 느낀다. 아무도 자신을 도와주지 않고, 과소평가되고 있다고 느낀다.

악법 14. 인정

다른 사람으로부터 주목받는 것을 과도하게 중요하게 여기는 악법이다. 남에게 호감을 얻고 싶은 것은 자연스러운 현상이지만 이 악법을 가진 사람은 다른 사람에게 사랑받기 위한 노력에 시간과 에너지를 지나치게 사용하고, 자신의 감정과 욕구를 완전히 무시한다.

인생의 진로를 부모가 결정했거나 부모를 기쁘게 해주었을 때만 애정과 관심을 얻을 수 있었던 경우, 혹은 사회나 다른 사람의 시선을 중요하게 여기는 가정에서 자란 사람에게 생기기 쉬운 악법이다. 주위 반응에 좌우되기 때문에 좋아하지도 않는 일을 하거나 표면적인 인간관계밖에 만들지 못한다. 다른 사람이 좋게 본다는 이유로 취미 생활을 시작하기도 하지만 전혀 만족감을 얻지 못한다.

인정의 악법을 가지고 있는 사람의 특징은 다음과 같다.

남이 어떻게 생각할지를 신경 쓴다. 함께 있는 상대에 따라 행동과 이야기하는 방식을 바꾼다. 지위, 외모, 금전, 업적에 대한 집착이 강하다. 누군가를 화나게 하지 않았을까 걱정한다. 자신의 신체나 헤어스타일, 복장, 소지품에 대한 집착이 강하다. 다른 사람과 함께 있을 때 긴장을 풀지 못한다. 자신과 다른 의견을 가진 사람을 감정적으로 대하기 쉽다.

악법 15. 비관

인생의 부정적인 측면에만 주목하고 긍정적인 측면을 무시하는 악법이다. 무언가 나쁜 일이 일어날 것이라던지, 대부분의 일이 잘 풀리지 않는다는 생각에 사로잡혀 걱정과 불안이 머릿속에서 떠나지 않는다. 낙관적인 사람은 현실을 보지 못한다고 생각하지만 한편으로는 부러워하기도 한다. 그 탓에 뇌가 항상 스트레스 반응을 보이며 나아가 건강이 나빠지는 사람도 적지 않다.

비관의 악법을 가지고 있는 사람의 특징은 다음과 같다.

친구에게서 비관적이라는 말을 자주 듣는다. 인생의 어두운 면에 대해서 자주 생각한다. 잘못된 선택을 하면 대참사가 일어날 것이라고 생각하기 때문에 의사 결정이 무척 어렵다. 인생의 비극을 피하기 위해 사전에 계획을 철저하게 세운다. 실망하지 않기 위해 항상 최악의 사태를 가정한다.

악법 16. 억제

감정 표현을 부끄러워하거나 분노가 폭발하면 자신을 제

어할 수 있을지 걱정에 사로잡혀 행동과 감정을 억누르게 되는 유형이다. 이성적으로 보이기도 하지만, 한편으로는 자신의 속내가 드러나는 것을 두려워하기 때문에 살아 있다고 느끼지 못한다. 유소년기에 분노나 슬픔을 느낀 상황에서 누군가 그것을 비웃었거나 부모로부터 담담하게 행동하도록 교육받은 사람에게서 나타나기 쉬운 경향이 있다.

억제의 악법을 가지고 있는 사람의 특징은 다음과 같다.

딱딱한 사람이라는 인상을 준다. 타인의 감정을 알아차리지 못한다. 약점을 드러내지 않는다. 긍정적인 감정도 억눌러버린다. 합리성을 과도하게 중시한다. 사람들 앞에서 자유롭게 감정을 표현하는 사람을 보면 불쾌해진다.

악법 17. 완벽

비판을 피하기 위해 높은 기준을 설정하고 그것을 만족시키기 위해 노력해야만 한다는 강박을 만드는 악법이다. 완벽을 추구하고 모든 일을 철저하게 해결하려 하기 때문에 항상 압박을 느껴 마음이 쉴 시간이 거의 없다. 끊임없는 스트레스 때문에 심 질환이나 면역 질환으로 고생하는 사람도 찾아볼 수 있다.

비판적인 가정에서 자란 사람에게 많은 악법으로 노력해도 칭찬받지 못한 경험이 쌓인 탓에 자신은 좀 더 잘할 수 있을 것이라는 감각이 뇌에 새겨진 패턴이 전형적이다.

완벽의 악법을 가지고 있는 사람의 특징은 다음과 같다.

사회적으로 성공했는데도 만족을 하지 못한다. 항상 시간이 부족하다고 느낀다. 기분 전환을 잘하지 못하고 술이나 담배의 힘을 빌린다. 항상 무언가를 해야만 한다고 느낀다. 바라던 기준을 달성하지 못하면 부끄러워한다.

악법 18. 징벌

잘못을 저지른 사람은 엄격하게 벌해야만 한다는 신념을 만들어내는 악법이다. 기준에 미치지 못하는 사람에 대해 분노나 초조함을 쉽게 느끼고 잘못한 사람을 가차 없이 몰아세우며 엄격하게 비판한다. 비판은 자신도 예외가 아니어서 일하다 실수를 저지르면 심하게 자책하여 자해 행위를 하기도 한다. 인간의 불완전함을 허용하지 못하고 다른 사람과의 관계도 잘 맺지 못한다.

징벌의 악법을 가지고 있는 사람의 특징은 다음과 같다.

잘못을 저지른 사람은 책임을 지고 벌을 받아야 한다고 생각한다. 나쁜 짓을 저질렀는데 용서해주면 화가 난다. 자신과 다른 사람을 용서하지 못하고 계속해서 앙금을 갖고 있다. 타인이 저지른 잘못을 자신도 모르는 사이에 떠올린다. 일이 잘 풀리지 않으면 괴로워하는 것이 당연하다고 생각한다. 비판적이라는 말을 자주 듣는다.

4 ——————— 악법 스코어, 악법일지

어떤 악법이 자신에게 영향을 주는지는 유소년기의 환경과 현재까지 겪었던 경험으로 결정된다. 그 경험의 많은 부분은 운에 좌우되고 우리 의사로는 통제할 수 없다. 인생에서 한 가지 악법만 갖는 사람이 있는가 하면 여러 개의 악법에 시달리는 사람도 있을 것이다. 이런 악법은 일상적으로 작동하며 우리에게 분노와 슬픔을 느끼게 하거나 사회를 피해 집에 틀어박히게 하는 등 부적응 행동을 일으키기도 한다.

외부에서 강요받은 규칙에 괴로워하는 것은 불합리하지만, 이것만큼은 누구를 원망해도 어쩔 수가 없다. 우리가 할 수 있는 일은 자신의 사고와 감정이 어느 악법에 좌우되고 있는지를 확실하게 살펴보고 조심해서 대처하는 것뿐이다. 과연 나는 어떤 악법에 시달리고 있을까? 보이지 않는 적의 정체를 밝히기 위해 몇 가지 실험을 해보자.

1. 악법 스코어

어떤 형태의 문제라도 해결하기 위해서는 먼저 가설을 세워야만 한다. 사전에 대략적으로 예측해보지 않으면 어디에서부터 손을 써야 좋을지 알 수 없다. 그럴 때 우선 확인해봐야 할 것이 악법 스코어이다.

자신을 괴롭히는 악법을 추측하여 잠정적인 가설을 세운다. 악법 리스트를 다시 한번 읽어보며 평소 자신의 행동과 심리에 해당하는 것이 무엇인지 파악하여 다음 표를 보고 채점을 해보자. 완전히 해당한다면 100점을, 전혀 해당하지 않는다면 0점을 매긴다. 이 시점에서는 가설을 세우는 것이 목적이므로 주관적으로 채점해도 상관없다.

오른쪽 표의 트리거에는 각각의 악법이 발동할 것 같은 상황이나 장면을 생각해서 써넣는다. 누군가 자신을 비난했을 때나 많은 사람들 앞에서 말해야만 할 때 등 과거에 부정적인 감정을 느낀 경험을 써보자. 전부 다 쓰고 나면 자신을 고민하게 만드는 생각이나 감정의 경향이 보이고 답답하기도 하지만 동시에 해방된 것 같은 기분이 들 것이다.

다만 트리거를 생각하는 사이 사람에 따라 과거 트라우마 때문에 강렬한 불안이나 분노에 휩싸일 수 있다. 교통사고, 폭력, 이별, 따돌림 등 견딜 수 없는 수준의 경험이 있는 경우에는 전문의의 지도를 받고, 사전에 3장의 세이프플레이스 워크와 소셜서포트 워크로 심리적인 결계를 쳐두자.

악법 스코어를 다 썼다면 가설을 세우는 일은 끝났다. 이어서 정보 수집과 가설 검증으로 넘어간다.

악법 스코어링			
	악법	점수	트리거
1	포기	0	특별히 없다
2	불신	5	대단한 사람과 대화를 할 때?
3	박탈	20	항상 어렴풋이 생각하고 있는 것 같다
4	결함	30	누군가에게 자신의 의견을 말해야 할 때
5	고립	20	많은 사람과 회식하는 자리
6	무능	0	특별히 없다
7	취약	0	특별히 없다
8	미분화	0	특별히 없다
9	실패	25	매일 일을 하며 느낀다
10	거만함	10	친구에게 지시받았을 때

11	방종	15	집에 간식거리가 있을 때
12	복종	90	윗사람에게 괴롭힘을 당했을 때
13	희생	85	일을 할 때 차라리 내가 하는 편이 낫다고 느낄 때
14	인정	50	대화 도중에 실수한 것을 떠올렸을 때
15	비관	10	여행을 갔을 때
16	억제	30	부정적인 감정이 생겼을 때
17	완벽	70	늘 시간이 부족한 것 같다
18	징벌	0	특별히 없다

2. 악법일지

악법일지는 자신이 일상 속에서 느낀 부정적인 감정을 기록하여 그것을 바탕으로 뇌 안에 설정된 악법을 추측하는 수법이다. 183쪽의 표 형식을 사용한다.

1단계: 트리거

부정적인 감정을 느꼈을 때의 원인과 상황을 적는다. 월급이 줄었다거나 친구와 싸워서 스트레스를 받은 경우는 물론이고 카페에서 점원의 태도가 불쾌했거나 지나가는 사람이 이상하게 쳐다본 것 같은 사사로운 일이라도 자신이 기분이 좋지 않은 일이었다면 무엇을 써도 상관없다.

2단계: 감정

트리거에 대해 느낀 감정을 기입한다. 감정의 종류는 한 가지로 한정되지 않는다. 분노, 슬픔, 불쾌, 불안 등 일어난 일에 따라 느낀 감정을 모두 작성해보자.

3단계: 사고, 이미지

트리거에 대해 머릿속에 떠오른 생각과 이미지를 기입한다. '그가 말한 것은 틀렸다', '왜 나만 힘든 일을 겪어야 하는가' 같은 생각과 병에 걸린 자신의 모습, 친구가 자신에게 화를 내는 상황 같은 이미지 등 머릿속에 떠오른 것을 자유롭게 기록한다.

처음에는 사고와 이미지를 제대로 파악하지 못해서 아무것도 생각하지 않고 반사적으로 행동한 것처럼 생각될지 모른다. 이것은 악법이 지나치게 일상적인 것이 되어 감정의 뒤에 있는 사고와 이미지를 감지하지 못하는 상태이다. 그럴 때에는 우선 다음의 신체 반응과 행동만을 기록하며 트리거가 반응한 후 머릿속에 특정 생각이나 이미지가 떠오르지 않았는지를 생각해보자. 몇 번을 반복하는 사이에 생각과 이미지를 자세하게 파악할 수 있게 된다.

4단계: 신체 반응

트리거로 인해 발생한 생리적인 변화를 적는다. '뒷목이 뻐근해졌다', '심장 박동이 빨라졌다', '위가 조여드는 것 같은 긴장감' 같은 식으로 신체 변화를 떠올려 써본다.

5단계: 악법의 추정

1단계부터 4단계까지 작성한 내용을 살펴보면서 그러한 감정, 사고, 행동을 일으키는 악법은 무엇인지 생각해보고 그 답을 쓴다. 익숙해지지 않으면 명확한 악법을 찾아낼 수 없을 테지만, 처음에는 정확하지 않아도 상관없으므로 해당할 것 같은 악법을 몇 가지 골라본다. 일지를 쓰는 횟수가 늘어나면 악법을 찾아내는 정확도가 올라간다.

6단계: 악법의 기원

앞에서 상정한 악법이 자신의 머릿속에 설정된 이유를 써넣는다. '어렸을 적에 형의 심부름만 해야 했던 것이 원인일지도 모른다', '이사를 자주 해서 외로웠기 때문에?' 같은 식으로 생각나는 이유를 자유롭게 쓴다.

가설을 세우는 것이 목적이므로 여기에서 정답을 이끌어낼 필요는 없다. 인생을 되돌아보며 생각해보는 것만으로도 충분한 훈련이 된다.

7단계: 악법의 기능

6단계에서 상정한 악법이 과거의 자신에게 어떻게 도움이 되었는지에 대해 생각하여 기입한다. 반복해서 말하지만 지금은 자신을 괴롭게 만드는 악법이라도 원래는 자신의 몸을 지키기 위해 생겨난 것이다.

'어렸을 적에 형이 억지로 심부름을 시켜서 나를 희생하는 것은 좋은 일이라는 사고방식으로 위로했을지도 모른다', '가족들이 자주 싸웠기 때문에 철저하게 좋은 사람이 되어 자신을 지키려고 했는지도 모른다' 같은 식으로 과거의 인생에서 악법이 작용했던 기능을 떠올려본다. 이 작업을 하면 내면에 악법은 사고의 기능 부전에 지나지 않는다는 생각이 자리 잡게 되어 부정적인 감정에 대처하기 쉬워진다.

8단계: 현실 사고

3단계의 사고, 이미지와 비교하여 더 현실적인 사고와 이미지는 어떤 것일지를 생각하여 써넣는다. 예를 들어 상사가 갑자기 호출했을 때 '분명 어제 실수한 것을 지적하려고 부른 거야……'라는 생각이 떠올랐다고 해보자. 불쾌한 느낌이 몸에 퍼지면서 긴장이 풀리지 않을 것 같은 상황이다. 말할 것도 없이 이 사고는 현실을 바탕으로 하지 않는다. 현시점에서는 '상사가 호출했다'와 '어제 실수가 있었다'는 사실만이 현실이고, 나머지 생각은 그저 추측에 지나지 않기 때문이다.

이제 이 사고를 더욱 현실적으로 바꿔본다. '어제 실수를 한 것은 사실이지만 그렇게까지 큰일은 아니기 때문에 야단맞을 확률은 60퍼센트 정도이다, 만약 야단맞는다고 해도 내 인격을 부정하는 말까지 참을 필요는 없다'와 같이 자신의 사고와 이미지를 추측이 아닌 올바른 내용으로 바꿔 써보자. 다른 사례를 몇 가지 더 살펴보겠다.

- 대화를 하던 중에 말실수를 해서 친구가 기분 나빠 했다. → 실제로 친구가 얼마나 기분 나빴는지는 모르고, 적어도 완전히 사이가 틀어졌다고는 생각하기 힘들다.
- 늘 다른 사람이 방해해서 자신이 손해 보고 있다. → 생각해보면 방해를 하는 사람은 부모님뿐이고, 친구들은 나를 도와줬다. 자신이 손해 본 것도 있지만, 도움을 받은 일도 적지 않다.

이때 악법을 억지로 긍정적으로 변환시키려 하는데, 이는 잘못된 패턴이다. 친구에게 한 말실수에 대해서도 그는 전혀 신경 쓰고 있지 않을 것이라고 왜곡하거나 일에서 중대한 실수를 금방 회복할 수 있다고 바꿔 쓰는 것은 도피에 지나지 않는다. 반드시 현실에 있을 수 있는 수준의 사고에서 멈춰야 한다. 만약 현실 사고가 잘 떠오르지 않는다면 다음 질문을 자신에게 던져보자.

- 이 생각에 어떻게 반론할 수 있을까?
- 이 생각이 옳다고 말할 수 있는 근거는 어디에 있는가?
- 과거에 틀린 생각을 한 경험은 없었나?

참고로 3단계에서 명확한 사고, 이미지를 파악하지 못했을 때에는 6단계에서 상정한 악법에 대해서 '현실적인 반론은 없는가?', '악법에 대한 올바른 근거는?'과 같은 질문에 대해 생각해본다. 이를 반복하다 보면 사고, 이미지를 파악하는 능력이 좋아질 것이다.

9단계: 대리 행동

여기까지의 작업을 바탕으로 현실에 근거하여 더 효과적

인 행동은 무엇인지 생각하면서 대리 행동을 써넣는다. 예를 들어 자신의 실수에 대해 상사가 꾸짖는 것을 참았을 때는 다음의 행동을 생각해볼 수 있다.

'실수를 확실하게 사과하고 재발을 방지할 해결책을 제시한다. 만약 상대가 인격까지 부정하는 말을 한다면 그 자리를 뜨는 것도 괜찮고 상대의 무례함에 대해 항의해도 괜찮다.'

이렇게 이상적인 행동을 취할 수 있을지 의문이 드는 사람도 있겠지만 대리 행동의 실행 여부는 문제가 되지 않는다. 이 단계의 진가는 자신의 뇌에 다른 현실도 있을 수 있다는 사실을 가르쳐주는 것이다. 머릿속에서 이것이 유일한 진실이라고 속삭이는 악법에 대해 그 외에도 무수한 가능성이 존재한다는 것을 철저하게 가르치는 것이다.

이상으로 악법일지를 쓰는 방법에 대해 알아보았다. 기록을 하는 타이밍은 부정적인 감정을 느낀 직후나 부정적인 감정을 느낀 날 밤이라도 상관없다. 그다지 쓸 것이 없다면 1년 전에 일어났던 잊을 수 없는 불쾌한 경험을 쓰는 것도 좋다.

악법도 법이라는 말이 있지만 자신을 파멸의 길로 이끄는 규칙대로 움직일 필요는 없다. 애초에 악법이란 태어나서 자란 환경과 경험에서 심어진 것으로 자신의 힘으로는 어떻게 할 수 없는 존재이다. 아무런 책임도 없는 것에 휘둘리는 것 만큼 어리석은 일은 없다.

앞으로 무언가 부정적인 감정이 덮쳐오거나, 주위를 불행하게 하는 행동을 했을 때는 '지금 악법에 따라 움직이고 있지는 않은가?', '악법을 따르는 이외의 반응은 할 수 없을까?' 라고 자문해보자. 그런 생각을 반복하다 보면 조금씩 자기를 배우게 될 것이다.

악법일지	
현상의 식별	
트리거	실수를 해서 상사에게 한참 동안 싫은 소리를 들었다.
감정	초조 50퍼센트, 분노 20퍼센트, 수치심 30퍼센트.
사고, 이미지	또 실수를 하고 말았다. 하지만 이렇게 심한 말을 들을 정도의 실수는 아니다. 다른 사람이 같은 실수를 했을 때도 이렇게 화를 낼까…….
신체 반응	이를 악물었다. 긴장해서 배가 아파왔다.
대처 행동	그 자리에서 연신 '죄송합니다'라고 하며 넘겼다. 집에 돌아와서는 머릿속에서 상사에게 반박하는 자신의 모습을 상상했다.

악법의 식별	
악법의 추정	희생이 중심으로 작용한 걸까? 복종도 조금 있는 것 같다.
악법의 기원	아버지가 늘 강압적이고 마음대로 하려는 사람이었기 때문에 내가 밝은 척 연기하여 집 안 분위기를 좋게 만들려고 했던 것이 원인인 것 같다.
악법의 기능	자신의 욕구를 겉으로 드러내지 않음으로써 아버지의 기분을 상하게 하지 않고 지나갈 수 있었다. 그 덕분에 가족은 표면적으로는 사이가 좋은 상태가 유지되었다.
현실의 식별	
현실 사고	어제 실수를 한 것은 사실이지만 그렇게까지 큰일이 아니기 때문에 지적받을 확률은 60퍼센트 정도일 것이다. 만약 그렇다고 해도 나의 인격을 부정하는 말까지 참으며 들을 필요는 없다.
대리 행동	실수를 분명하게 사과한 후에 재발을 방지하기 위한 해결책을 제시한다. 만약 상대가 인격까지 부정하는 말을 한다면 나는 그 자리를 떠도 괜찮고, 아니면 상대가 무례한 것에 대한 항의를 해도 괜찮다.

5장

항복

降伏 ｜ Letting Go

1 ————————— 왜 피라항족은
세계에서 가장 행복할까?

세계에서 가장 행복한 부족. 언어학자 대니얼 에버렛은 피라항Pirahã족을 이렇게 불렀다. 피라항족은 아마존의 열대우림에서 수렵 채집을 하며 살아가는 부족이다. 지금도 정글에서 사냥과 낚시를 하며 원시 시대에 가까운 라이프스타일을 유지하고 있다.

그들의 존재가 과학계에서 주목을 받기 시작한 것은 2008년부터이다. 에버렛이 아마존의 오지에서 1977년부터 30년에 걸쳐 현장 조사를 한 후 그 성과를 한 권의 책으로 정리한 것이 계기였다.[1] 에버렛의 발견은 언어의 독자성과 수렵 채집 사회 특유의 사고법 등 다방면에 걸쳐 흥미로운 화제가 풍부했지만, 그중에서도 특별히 주목할 만한 것은 피라항족의 정신적 건강이었다.

말할 것도 없이 피라항족에게는 카운슬러도 심리학자도 없을 뿐만 아니라 향정신성 약물을 먹는 일도 불가능하다. 그럼에도 부족 내에서 자살, 불안 장애, 우울증 같은 정신적인 문제는 거의 존재하지 않았고, 분노와 낙담 같은 일반적인 부정의 감정조차 거의 볼 수 없었기 때문에 놀랄 수밖에 없었다. 에버렛은 다음과 같이 말했다.

"선진국의 삶은 피라항족보다 훨씬 편하다. 그럼에도 나는 평소 생활 속에서 정신이 이상해질 것 같은 일이 잔뜩 있는데, 그들에게는 그런 징후가 없다."

사실 피라항족의 생활은 압박으로 가득하다. 독을 가진 파충류와 벌레의 습격을 받고, 치료 방법이 없는 전염병을 두려워하며 영토에 침입한 외부 사람들에게 폭력을 당하는 일도 드물지 않다. 그런 생활 속에서 피라항족은 어떻게 해서 선진국에서도 볼 수 없는 수준의 행복을 얻을 수 있었을까?

피라항족의 수수께끼를 파헤치기 전에 앞에서 했던 이야기를 다시 한번 살펴보자. 4장에서 우리는 뇌 안에 삽입된 악법이 인간을 부적응 행동으로 이끄는 메커니즘을 살펴보았다. 모든 고민과 괴로움에서 해방되기 위해서는 우선 머릿속에서 꿈틀거리는 악법의 정체를 아는 것이 제일 먼저 해결되어야 한다. 시간은 걸리겠지만 자기를 배우는 훈련을 반복하다 보면 반드시 괴로움의 근원에 다가갈 수 있다.

　다만 정말로 어려운 것은 그다음이다. 막상 악법의 정체를 알게 되고 나면 많은 사람들이 심리학적 방법을 동원해 뇌 안의 악법을 지우거나, 혹은 특정 멘탈트레이닝으로 악법의 내용을 고치고자 한다. 자신을 속박하는 존재를 알아냈다면 바로 벗어나고 싶은 것이 당연하다. 악법의 부작용에서 바로 벗어나 새로운 인생을 걷고 싶은 것이 사람의 마음이기 때문이다.

　하지만 이 책에서는 그런 발상을 피해 돌아가는 길을 선택했다. 즉 악법에 정면으로 맞서는 것이 아니라 적의 공격을 제압하면서 마지막에 상대를 무력화시키는 제3의 길이다. 위화감을 느낀 사람도 있을지 모르겠다. 암세포가 발견되면 제거해야 하고, 삶을 위협하는 범죄자는 체포하는 것이 당연하다. 우리를 괴롭히는 악법도 마찬가지로 제거해야만 하지 않을까.

　그런데 안타깝게도 정신 기능에서는 반드시 같은 사고방식이 통용된다고 할 수 없다. 우리가 안고 있는 괴로움은 저항하면 할수록 반대로 위력을 높이는 성질을 가지고 있기 때문이다.

저항이 문제를 낳는다는 발상은 오래전부터 존재했다. 중
국의 노자는 기원전 300년 무렵에 "인생은 자연스럽게 일어
나는 변화와 스스로 일으키는 변화의 반복이다, 거기에 저항
하면 불행해질 뿐이다"라고 지적했다. 인도의 요가 지도자
스리 친모이는 "항복이란 혼란에서 평화로 가는 여행이다"라
고 말하며 자기의 감정에 저항하지 않는 태도를 강조했다.

서구권에서도 사정은 다르지 않다. 마크 트웨인은 "사람은
스스로의 승낙 없이 쾌적하게 있을 수 없다"라고 썼으며 신
화학자 조지프 캠벨은 "우리는 계획한 인생을 포기할 의지를
가져야만 한다"는 말을 남겼다.

무엇보다 심리학 분야에서 저항의 문제가 거론되기 시작
한 것은 극히 최근의 일이다. 2014년 브리티시컬럼비아대학

교 등의 연구팀이 흥미로운 실험을 했다. 건강한 여성을 대상으로 한 이 실험에서는 참가자 모두에게 강도 높은 사이클 트레이닝을 지시했다. 그중 절반의 참가자에게만 불쾌한 감정을 가능한 한 받아들이라고 조언했다.[2] 너무 힘들어 그만두고 싶다거나 생각했던 것보다 괴롭지 않다고 자신을 달래는 것이 아니라 운동의 불쾌함은 피할 수 없다는 사실을 인정하고 부정적인 감정을 받아들이라는 것이었다.

실험 결과 불쾌함을 받아들인 참가자는 괴로움의 인지가 크게 변하여 괴로움에 저항한 그룹과 비교해 주관적인 괴로움이 55퍼센트 저하되었고, 지쳐서 움직일 수 없게 될 때까지의 시간이 15퍼센트 증가했다. 이 결과를 바탕으로 연구팀은 불쾌함을 받아들이는 것의 효과를 강조했다. 최근에도 몇 가지 연구에서 저항의 문제점을 주장하고 있다. 괴로움에 저항하는 사람일수록 심부전과 부정맥이 일어나기 쉽고, 전기 쇼크 스트레스에 약해진 케이스도 보고되고 있어 그 중요성은 더욱더 높아지고 있다.[3, 4]

저항이 괴로움을 낳는 사례는 일상에 얼마든지 존재한다. 예를 들어 산에 오르면 누구라도 다리나 허리의 통증을 경험하지만 괴로움까지 느끼는 사람은 거의 없다. 등산하는 사람들은 모두가 자기 스스로 이 고난을 선택했다고 인식하기 때문에 산을 오르는 통증에 저항하지 않는다. 반면 누군가가 억지로 등산을 하게 한 경우에는 상황이 달라진다. 왜 이런 괴로운 상황에 있어야 하는지 현재 상황을 부정하는 사고가 머릿속에서 맴돌기 시작할 것이다.

예방 접종에도 비슷한 메커니즘이 작용한다. 성인이 주사를 맞는 것에 거부감이 적은 이유는 우리가 백신의 중요성을 인정하고 있기 때문이다. 이 통증은 받아들여야만 하는 것이라는 인식이 뇌의 저항을 완화해주기 때문에 그 이상의 고통은 생겨나지 않는다.

그런데 백신의 가치를 이해하지 못하는 어린이에게 주사는 불합리한 통증으로밖에 느껴지지 못하고, 따라서 자연히 저항의 자세가 생겨난다. 그 결과 주사에 대한 괴로움이 점점 더 심해지는 것이다.

더 많은 사람이 빠지기 쉬운 저항의 전형적인 예는 다음과 같은 것이 있다.

격렬한 분노

자기 이미지의 붕괴와 실패의 수치심을 인정하지 못하고 부정하는 감정이 외부를 향한 분노로 바뀌는 패턴이다. 다른 사람의 비판에 과도하게 공격적으로 반응해 주위에 고함을 치거나 조소하는 사람을 누구나 본 적이 있을 것이다.

틀어박힘

자신의 부끄러운 모습을 아는 상대와의 관계를 피해 자신의 방에 틀어박히는 유형의 저항이다. 하지만 아무리 외부와의 관계를 끊어도 머릿속에 떠오르는 다른 사람의 이미지에 시달리기 때문에 문제는 여전히 해결되지 않는다.

다른 차원으로 여기기

내면의 초조함과 불안을 억누르고는 문제를 마치 다른 차원의 것처럼 여기는 케이스도 많다. 자신의 실수로 프레젠테이션을 망쳤는데 "모두가 문제의식을 공유하지 않았어"라고 다른 사람의 일처럼 말하는 것이 전형적인 반응이다.

허세 부리기

마음속의 부정적인 감정을 보여주기 싫은 나머지 다른 사람에게 과거의 성공을 자랑하거나 돈과 권력을 과시하는 등의 반응을 보이는 것도 흔히 있는 저항의 예이다.

과한 노력

'나는 가치가 없다', '나는 잘하는 것이 없다' 같은 생각을 억누르기 위해서 한계를 넘어선 힘든 일을 계속하는 패턴이다. 이 유형의 사람은 성과를 올려도 내면의 초조함과 피로에 지배되며 주위에서는 성공한 사람으로 생각해도 본인은 충실감을 느끼지 못한다.

자극에 의지하기

뇌 안의 부정적인 사고에서 도망치기 위해 술과 담배 등에 의존하거나 정크푸드로 마음을 달래거나 격렬한 운동으로 기분을 고양시키는 등 무언가의 자극으로 얼버무리려고 하는 저항의 일종이다. 그 결과 알코올 중독, 과식, 거식증, 번아웃 증후군 등에 빠지기 쉽다.

이와 같은 패턴은 모두 불행을 달래거나 해소하기는커녕 사태를 악화시킨다. 모든 저항이 현실을 계속해서 피하는 점은 다르지 않을 뿐만 아니라 본질적인 문제가 해결되지 않기 때문이다.

이 괴로움의 메커니즘을 불교 연구자 신젠 영은 다음의 식으로 표현했다.[5]

괴로움 = 통증 × 저항

1장에서도 본 것처럼 우리가 인생에서 만나는 첫 번째 화살(통증)은 누구도 피할 수 없다. 거기에 '현실에 대한 저항'이라는 행위가 더해져 두 번째 화살(괴로움)이 생겨난다. 그렇다면 우리가 취할 수 있는 대책은 한 가지밖에 없다. 다름 아닌 현실에 대해 적극적으로 항복하는 것이다.

3 ——— 저항하는 사람과 항복하는 사람

현실에 항복하자. 이런 말을 바로 받아들일 수 있는 사람
은 적을 것이다. 애초에 통증에 대한 저항은 생물에게 당연
한 반응이고, 그것이 없다면 원시의 혹독한 환경에서 살아남
을 수 없었을 것이다. 다시 말해 현실에 항복한다는 것은 생
물의 표준 프로그램에 반하는 부자연스러운 행위라고 생각
할 수 있다. 덧붙여 말하자면 현대 사회에는 '인생을 바꾸자',
'자신이 원하는 대로 살자' 같은 말이 넘치고, 우리는 때때로
만나는 방해물에 대한 저항을 재촉받는다. 이런 상황에서 항
복의 이점을 인식하기는 어렵다.

그렇다면 항복의 사고방식을 조금 더 파고들어보겠다. 예
를 들어 지금 심각한 두통에 시달리고 있다고 해보자. 급성
두통이 예고도 없이 덮쳐올 때 머리끝에 격렬한 고통이 관통

하는 것 같은 상황에서 저항하는 사람과 항복하는 사람은 어떤 차이가 있을까?

우선 외부에서 본 반응에는 눈에 띄는 차이가 없다. 두통약을 먹고 스트레칭이나 마사지를 하는 등의 대처를 하는 점은 저항하는 사람도 항복하는 사람도 똑같다. 그런데 양쪽 반응은 내면에서 크게 차이가 난다. 저항하는 사람은 치료 효과에 과도한 기대를 하기 때문에 만약 통증이 만족스럽게 줄어들지 않았을 경우에는 낙심하거나 강한 분노를 느끼고 필요 이상의 스트레스 반응을 일으킨다.

반면 항복하는 사람은 치료 방법에 따라서는 효과가 없을 수 있다고 생각하기 때문에 예상보다 통증이 개선되지 않더라도 동요하거나 자신을 책망하지 않는다. 현실을 받아들이고 그 이상으로 신경 쓰지 않으며 다른 대책을 찾기 시작한다. 괴로움에서 도망치거나 괴로움을 숨기려고 하지 않고 그저 통증의 정도를 적절하게 판단하여 가능한 대처를 할 뿐이다.

다시 말해 통증에 항복하는 것은 통증을 즐기는 것과는 다르고, 통증에 감사하는 것도 아니다. 통증을 추구하거나 통증을 그저 받아들이려는 것도 아니다. 여기에서 말하는 항복은 우리가 직면하고 있는 현실을 인정하고 정면으로 마주한다는 것을 의미한다. 항복이라면 수동적인 인상이 강한데, 실제로는 무엇보다 적극적인 선택이라고 말할 수 있다.

현실에 항복을 잘하는 사람은 다음과 같은 것들에 적극적으로 백기를 드는 자세를 갖추고 있다.

반추사고

1장에서 이미 본 것처럼 반추사고란 원하지 않아도 계속 반복해서 머릿속에서 떠올라 우리를 괴롭히는 사고를 가리킨다. '병에 걸린 것은 아닐까', '돈이 부족해지면 어쩌지', '그 사람은 최악의 인간이다' 같은 생각이 뇌 안에서 계속해서 맴돈다면 그것은 반추사고이다. 자신도 모르게 저항하고 싶어지지만, 반추사고를 억누르려는 것은 개미지옥에 빠진 것과 같은 일이다. 항복의 정신을 떠올려 조용히 그 생각을 받아들이면 오히려 괴로워지지 않는다.[6]

신체 이미지

신체 이미지는 자신의 외모를 어떻게 생각하고 있는가를 의미하는 말이다. 최근에는 부정적인 신체 이미지와 우울증의 관계를 보여주는 데이터가 많다. 20대 여성을 중심으로 한 연구 등에서도 자신의 신체가 불완전하다는 것을 인정하지 못하는 사람일수록 일상의 트러블에 약하고, 불규칙한 식생활이 눈에 띄는 경향이 있었다. 자신의 얼굴을 싫어하거나 복부 지방을 불쾌하게 생각하는 등 자신의 몸을 부정적으로 바라본다면 인생의 만족도가 떨어지는 것은 당연하다. 특히 현대 사회에서는 미디어나 SNS에 이상적인 신체나 미남미녀의 이미지가 넘쳐나기 때문에 아무래도 신체 이미지가 부정적으로 인식되기 쉬운 경향이 있다. 자신의 신체가 불완전하다는 것에도 적극적으로 항복해야만 한다.

실패의 기억

과거의 실패 또한 적극적으로 항복해야만 하는 대상 중 하나이다. 실패에 대한 반성은 좋은 일 같지만, 노스이스턴 대학교 등의 조사에서는 과거의 잘못을 몇 번이고 돌이켜 반성하는 사람일수록 자기 파괴적인 행동이 증가하고, 술에 의존하거나 과식하기 쉽다는 사실이 밝혀졌다.[7] 아마도 실패의 기억이 뇌에 만성적인 스트레스를 주는 탓에 현실을 도피하려는 의식을 높인 것으로 생각된다. 이 문제를 해결하기 위해서는 과거의 실패는 바꿀 수 없다는 것을 적극적으로 인정하는 수밖에 없다.

자신의 성격

'좀 더 자신감이 있다면', '조금 더 긍정적인 성격이라면' 같은 생각을 하는 사람도 많을 것이다. 특히 선진국일수록 외향적인 성격이 좋은 것으로 여겨지는 경향이 있어서 내향적인 사람이나 섬세한 사람은 자신을 탓하기 쉽다.

하지만 안타깝게도 타고난 성격을 바꾸기는 쉽지 않다. 다양한 유전 연구에 따르면 성격의 약 절반 정도는 유전적으로 정해지고, 나머지 절반도 환경 변화에 크게 영향을 받는다고 한다.

후천적으로 수정이 불가능하다고 말할 수는 없지만, 유전의 힘에 저항하기보다는 타고난 성격에는 미련 없이 따르는 편이 생산적이다.

자신의 감정

통증에 항복할 때 가장 중요하면서도 어려운 일이 부정적인 감정을 다루는 것이다. 분노와 불안 등의 감정은 뇌를 점령하는 작용이 강하고, 한번 사로잡히면 쉽게 항복할 수 없다. 토론토대학교가 피험자에게 스트레스 일기를 작성하도록 한 실험에서도 자신의 부정적인 감정에 저항하지 않고 방치할 수 있는 사람일수록 우울 증상과 불안감이 줄어들고,

인생의 만족도가 쉽게 올라갔다고 한다.[8] 사납게 몰아치는 감정을 그대로 내버려둘 수 있다면 그 이상의 괴로움은 쉬이 발생하지 않을 것이다.

4 ————— 저항의 메커니즘

이제 항복의 실천으로 넘어가보자. 항복의 스킬을 높이기 위해서 가장 손쉬운 것은 은유를 사용하는 방법이다. 다시 말해 비유담을 사용하여 저항이 통증을 증대시키는 구조를 이미지로 파악하는 것이다.

비유담이라고 하면 가볍게 생각할지도 모르겠지만 사실 많은 치료법에서 사용되는 기본적인 기술 중 하나로, 은유를 이해한 환자는 그 직후부터 항복의 능력이 올라가는 것이 다양한 연구에서 드러났다.[9] 우리 뇌는 논리보다 이미지를 선호하는 탓에 이론만 내세워 정신의 작동을 설득하는 것보다 은유를 사용하는 편이 이해하기 쉽기 때문이다.

그렇다면 항복의 이해에 도움이 되는 대표적인 은유를 살펴보자. 머리로 이해하려고 하지 말고 그저 이미지를 머릿속에 떠올리면서 긴장을 풀고 읽어나가기 바란다.

탄환의 은유

고통스러운 감정과 사고를 탄환처럼 생각해보자. 일에서 실패했을 때, 사랑하는 사람을 잃었을 때, 미래의 불안이 덮쳐올 때, 감정의 탄환은 우리 심장을 노려 순식간에 발사된다. 이때 탄환을 막으려고 벽돌을 쌓아 벽을 만든다면 어떻게 될까? 첫 번째 탄환으로 벽돌이 무너져 첫 한 발은 피할 수 있어도 두 번째, 세 번째 탄환에는 무방비 상태가 된다.

그렇다면 철로 벽을 만들어 탄환을 막아내면 어떨까. 이 역시 잘되지 않는다. 탄환을 직격으로 맞는 것은 면할 수 있어도 다음 탄환을 피하기 위해서는 벽 뒤에 계속해서 숨어 있어야만 하고, 결국 단순히 방어만 하는 인생에서 헤어나지 못하기 때문이다. 그런 인생은 사는 기쁨 그 자체를 잃어버리게 될 것이다.

하지만 이때 벽이 아닌 바다를 향해 탄환을 발사한다면 어떨까? 물을 통과한 탄환은 천천히 에너지를 잃어버려 결국에는 바다 깊은 곳에 잠겨 아무런 영향도 미치지 않을 것이 분명하다. 탄환의 통증은 사라지고 그 이상의 괴로움도 발생하지 않는다.

비치볼의 은유

공기를 불어 넣은 비치볼을 가지고 수영장에 들어갔을 때를 상상해보자. 자신의 사고나 감정을 정면으로 마주하는 것은 이 비치볼을 물속에 잠기게 하려는 것과 마찬가지다. 힘을 줄수록 비치볼은 수면 위로 떠오르려고 한다. 이런 무의미한 일을 하기보다는 비치볼은 그대로 두고 물과 태양의 감각을 즐기는 편이 더 의미가 있다.

목장의 은유

말을 듣지 않는 소를 목장에서 기르는 상황을 상상해보자. 그때 소를 좁은 울타리 안으로 넣으려고 해도 소는 자유를 원하며 날뛸 것이다. 오히려 피해가 커질지도 모른다. 이때 정말로 해야 할 일은 소에게 충분한 크기의 목장을 만들어주고 자유롭게 돌아다녀도 문제가 일어나지 않도록 하는 것이다. 항복이란 이렇게 목장의 크기를 키우는 조치와 비슷하다. 소가 말을 듣지 않는 것은 똑같지만 적어도 문제는 일어나지 않는다.

정원 청소의 은유

정원을 아무리 깨끗하게 청소해도 시간이 지나면 다시 낙엽이나 흙으로 지저분해진다. 이 상황에서 '청소한 지 얼마 되지 않았는데', '늘 깨끗한 상태면 좋을 텐데'라는 생각을 해도 정원은 지저분한 상태로 있을 뿐이다. 우리 정신도 마찬가지다. 아무리 일시적으로 상쾌해졌다고 해도 아무것도 하지 않으면 얼마 지나지 않아 생각과 감정의 쓰레기가 계속해서 쌓여간다. 따라서 우리가 할 수 있는 일은 정원을 계속해서 청소하는 일뿐이다. 아무리 지저분해지는 것을 비판해도 상황은 변하지 않는다. 다만 청소를 계속하는 수밖에 없다.

지도 만들기의 은유

자신이 지도 제작자라고 생각해보자. 지도를 만드는 사람은 그 지역의 지형과 도로를 꼼꼼하게 조사하지만 결코 비판하지는 않는다. '이 강이 좀 더 오른쪽으로 꺾였으면 좋았을 텐데'라거나 '이 빌딩이 없었다면 공간이 더 넓을 텐데' 같은 말을 하면서 지도를 만드는 사람은 없을 것이다. 도움이 되는 지도를 만들기 위해서는 그저 정보를 똑바로 관찰하는 것이 중요하다.

그런데 우리의 정신에 대해서는 많은 사람이 잘못된 지도를 만드는 것과 마찬가지의 일을 하고 있다. 주어진 정보를 관찰하기만 하면 충분한 일을 자신의 이상적인 지형을 떠올리며 불만을 말하는 것이다.

이상 다섯 가지 은유는 사람에 따라서 마음에 딱 와닿는 것이 제각각 다를 것이다. 자신이 마음에 드는 것을 골라 정기적으로 떠올려보자. 그것만으로도 항복의 사고방식이 조금씩 뇌에 스며들 것이다.

5 —————— 과학자의 시선으로
저항을 분석한다

머리에 항복의 사고방식을 확실하게 입력했다면 이번에는 신체에도 자세한 감각을 익혀두자. 이번에 알아볼 내용은 심리학자 크리스틴 네프가 개발한 아이스큐브 챌린지이다. 저항의 감각을 피부로 이해하기 위해 사용된다.[10]

구체적인 방법은 다음과 같다.

❶ 얼음을 쥔다

냉동고에서 얼음 한두 개를 꺼내 손바닥 위에 올린다. 얼음을 손에 쥐고 3분 동안 있어보자.

❷ 사고의 저항을 깨닫는다

대체로 1분 정도 지나면 조금씩 손이 아파오면서 왜 이런 일을 해야 하는지 의구심이 들 것이다. 우선은 그 생각의 존재에 의식을 향한다. 점점 얼음을 내려놓고 싶어질 수도 있고, 손이 아프면 얼음을 내려놓아야 한다고 생각하겠지만 실제로 우리에게는 다른 선택지도 준비되어 있다. 얼음을 내려놓고 싶다는 생각은 지금 순간에만 마음속에 떠오른 뇌의 구호에 지나지 않기 때문에 그대로 두고 아무런 행동을 하지 않는다는 선택 또한 가능하다. 우선은 자신의 내면에 떠오른 사고의 저항을 그저 관찰해보자.

❸ 신체의 저항을 깨닫는다

이어서 얼음의 통증이 주는 신체적인 감각에 집중해본다. 손바닥은 어느 정도 차가운가? 구체적으로 손바닥의 어느 부분이 차가운가? 애초에 차갑다는 것은 어떤 감각인가? 찌릿찌릿한 감각인가? 얼얼한 감각인가? 찌르는 것 같은 통증인가? 단순히 '아프다'나 '차갑다' 등의 감상에 그치지 말고 자신의 신체에 어떤 일이 일어나고 있는지를 관찰해보자.

❹ 감정의 저항을 깨닫는다

얼음을 계속 쥐고 이번에는 감정의 변화에 집중해보자. 공포, 초조함, 불안 등의 부정적인 감정이 생기는지 체크해본다. 마찬가지로 단순히 마음의 움직임만 관찰한다.

❺ 얼음을 내려놓는다
앞 단계를 모두 시행한 후 2분이 지났다면 얼음을 내려놓는다. 마지막으로 이 연습에서 무엇을 깨달았는지 체크해본다. 얼음을 쥐고 있는 동안에 뇌에 떠오른 저항의 감각을 깨달았는가? 그 저항에 어떤 대처를 하고 싶어졌는가? 저항하고 싶은 감정을 그대로 두고 얼음을 쥐고 있을 수 있었는가?

아이스큐브 챌린지의 포인트는 얼음이 주는 통증에 대해 자신의 뇌가 어떤 반응을 일으키는지를 관찰하는 것이다. 반응의 패턴은 개인에 따라 다르다. 심한 불안을 느끼는 사람, 어째서인지 분노의 감정이 느껴지는 사람, 별일 아니라고 스스로를 다독이는 사람, 이것이 과연 의미가 있는 일인지 회의가 드는 사람 등 저항의 종류는 다양하다.

여기에서 가장 중요한 것은 자신의 내면에 생기는 저항의 반응을 과학자 같은 태도로 관찰하는 것이다. 우수한 과학자는 이 전기저항이 좋은 것인지 나쁜 것인지 주관적인 판단은 하지 않는다. 전기 흐름을 그저 냉정하게 지켜보며 어떤 조건에서 저항이 올라가는지만을 관찰하여 알아낼 뿐이다. 과학자가 된 것처럼 그저 자기가 어떤 저항을 일으키는지를 바라본다. 일단 이 감각이 익숙해지면 실패, 이별, 병, 불안, 자기비판 같은 인생의 다양한 통증에 응용할 수 있게 된다.

6 ———————— 워크시트로
항복 기술을 높인다

다음으로는 매일 할 수 있는 트레이닝을 알아보자. 여기에서 소개할 방법은 수용전념치료^{ACT}와 변증법적 행동치료^{DBT} 같은 심리요법에서 사용하는 도구인데 항복 기술을 높이는 용도로 새로 정리해보았다. 지금까지 설명한 항복의 사고방식을 다시 한번 살펴보면서 연습해보자.

1단계: 결계를 친다

항복 기술을 익히는 과정에서는 불쾌감과 마음의 통증을 마주해야 할 필요가 있다. 훈련을 시작하기에 앞서 3장에서 본 기술 중에서 마음에 드는 것을 골라 심리적인 결계를 쳐두는 것이 좋다. 이렇다 할 방법을 고르기 힘들 때는 우선 세이프플레이스 워크를 시험해보는 것을 추천한다.

2단계: 항복 워크시트

이어서 오른쪽 페이지의 항복 워크시트를 사용하여 훈련을 진행한다. 각 항목에는 다음과 같이 기입한다.

• 문제의 파악

우선 문제의 파악 부분에는 지금 자신이 문제라고 느끼는 것, 혹은 과거에 고통을 느꼈던 상황을 작성한다. 지원했던 회사에 합격하지 못한 큰 사건은 물론이고 줄을 서 있는데 새치기당했던 작은 문제라도 상관없다. 자신이 부정적인 감정을 느낀 일을 자유롭게 떠올려본다.

특별히 떠오르는 일이 없을 때는 고통에 대한 정신이 마비되어 있을 가능성도 있다. 그럴 때는 당분간 앞 장의 악법 일지를 활용하여 자신이 스트레스를 느끼는 상황에 특정 패턴이나 특별히 자주 발생하는 상황이 없는지 확인해보는 것이 좋다. 또 가능하다면 이 문제의 밑바탕에 자리 잡은 악법의 종류도 찾아내서 기입해둔다.

항복 워크시트의 예	
저항의 확인 항목	
문제의 파악	일이 마음처럼 되지 않고 '시간을 낭비하고 있는 것은 아닌가?'라는 불안과 초조함을 느낀다.
저항 반응의 특정	불안을 느끼면 일이 끝난 후에 술을 마신다. 일단 일에 빠져 불안을 잊으려고 한다.
저항의 결과	술로 불안을 달래며 그대로 잠든다. 다음 날 다시 같은 생각이 떠올랐다.
저항의 장점	· 불안을 숨길 수 있다. · 일을 많이 해낼 수 있다.
저항의 단점	· 불안이 완전히 사라지는 것은 아니다. · 술 때문에 잠을 깊이 자지 못한다. · 일은 끝냈지만, 초조한 마음에 실수가 많다. · 불안의 해소 효과가 오래가지 않고 금방 돌아온다.
악법의 추정	무능의 악법이 있기 때문에 시간을 낭비하는 것이 무서운 건 아닐까?
항복의 실전 항목	
항복의 대상	'시간을 낭비하고 있는 건 아닌가?'라는 사고
권한의 범위 식별	권외 : · '시간을 낭비하고 있는 건 아닌가?'라는 사고 · 사고로 인해 생기는 불안과 초조함 · 일을 즐길 수 없다는 감각의 발생 · 술을 마시고 싶은 감각의 발생

권한의 범위 식별	**권내:** · '시간을 낭비하고 있는 건 아닌가?'라는 사고에 휘둘리지 않는 것 · 일을 즐길 수 없는 원인에 대해 생각하고 대책을 세우기 · 술 이외의 좀 더 효과적인 방법을 찾기
저항의 관찰	일이 진행되지 않을 때, 경비를 정산할 때, 고객의 반응이 어떤지 모를 때 등 '시간을 낭비하고 있는 건 아닌가?'라는 사고가 생기기 쉽다. 그 후 바로 불안이 80퍼센트, 초조함이 20퍼센트 정도 생기고, 아무것도 하고 싶지 않은 마음이 생기거나 스마트폰으로 게임만 하기도 한다. 집에 돌아와서는 술을 마시며 인터넷을 하는 일이 많다.
권내의 대응	문제 해결에 도움이 될 것 같은 아이디어를 아무리 하찮게 느껴지더라도 가능한 한 많이 작성해본다.
행동	결단을 내리고 행동한다. 자신이 무엇을 하는지 설명한다. 자신의 결단을 설명한다.

· **저항 반응의 특정**

저항 반응의 특정에는 자신이 고통을 느낀 결과 어떤 행동과 대처를 했는지 기입한다. 192~195쪽에서 소개한 저항의 전형적인 예를 보며 고통에 어떤 반응을 했는지 생각해본다. 술을 마신다거나 친구에게 푸념을 늘어놓는 것 같은 구체적인 행동뿐만 아니라 '그저 감정을 억눌렀다' 같은 내면의 반응도 잊지 말고 작성한다.

• 저항의 결과

앞에 쓴 저항 반응이 나타난 후 어떤 결과가 일어났는지 써넣는다. '술을 마시고 그대로 잠들었다'거나 '감정을 억눌렀더니 짜증이 계속 났다'와 같이 저항에 따라 자신의 내면과 외부에 무엇이 일어났는지를 작성한다.

• 저항의 장점

자신에게 일어난 저항 반응의 좋은 점을 생각해보고 떠오른 것만 쓴다. '술로 불안이 조금 줄었다', '기분을 억제하면 격렬한 감정을 피할 수 있다' 식으로 저항 반응의 이점을 최대한 생각해본다.

• 저항의 단점

자신에게 일어난 저항 반응의 나쁜 점을 생각해서 작성한다. '술을 마신 탓에 깊은 잠을 자지 못했다', '불안의 해소 효과가 오래 유지되지 않는다'는 식으로 저항 반응의 결점을 살펴본다.

• 권한의 범위 식별

이어서 권외와 권내를 구별한다. 흔히 들어본 말일지 모르지만 권외는 자신의 힘으로 통제할 수 없는 것, 권내는 자신의 힘으로 통제할 수 있는 것을 의미한다. 예를 들어 스트레스에 반응하여 발생하는 불안과 공포 등은 권외로 분류된다. 1장에서 본 것처럼 부정적인 감정은 인류의 기본 시스템이기 때문에 외부 세계의 위협에 반응하여 발동하는 것은 막을 수 없다.

하지만 여기에서 부정적인 감정에 패배하여 괴로움을 더 심각하게 만들 것인가, 아니면 불안과 공포를 받아들여 해야 할 일을 할 것인가는 자신이 통제하기 나름이다. 다시 말해 감정과 사고에 자신의 행동이 좌우될지 되지 않을지는 권내로 분류된다. 권외의 현상에는 저항해도 실리는 없으므로 권내에만 힘을 쏟아야 하는 것은 명백하다.

자신의 문제나 고통을 떠올려보며 통제할 수 있는 요소와 통제할 수 없는 요소는 무엇인지 파악하고 권외와 권내의 식별에 대한 답을 작성해본다. 이것이 현실을 올바르게 바라보는 작업의 첫걸음이다.

• **권외의 관찰**

자신이 통제할 수 없는 범위를 판단했다면 이번에는 권외를 관찰한다. 다음 질문에 대해 생각해보자.

❶ 그 문제와 고통이 일어나기 쉬운 특정 상황과 패턴이 있는가?

❷ 그 문제와 고통으로 인해 자신에게 어떤 사고, 이미지, 감정이 생겼는가? 그 사고, 이미지, 감정은 시간이 지나면서 어떻게 변화했는가?

❸ 저항 반응은 항상 똑같은가? 아니면 문제나 고통의 종류에 따라 차이가 있는가?

분석이 끝났다면 그 내용을 서너 개의 문장으로 정리해서 작성한다. 이 작업으로 우리 뇌는 조금씩 반응이 바뀌어 불필요한 저항을 일으키지 않게 된다.

• 권내의 대응

권내의 해결에 도움이 될 법한 대책을 써넣는다. 아무리 하찮게 느껴지는 것이라도 상관없으므로 스스로 컨트롤할 수 있는 대상에만 집중하여 평소의 저항 반응 대신에 할 수 있는 일이 무엇이 있을지 생각나는 대로 써보자. 적당한 대책이 떠오르지 않을 때에는 3장에서 이야기한 결계의 기법에서 마음에 드는 것을 골라본다. 그중에서도 저항을 억제하는 작용이 강한 그라운딩을 추천한다.

• 항복 행동

앞에서 작성한 대책 중에서 시험해보고 싶은 행동을 한 가지 골라 언제 어떤 식으로 실천할지를 써넣는다. '일이 소용없다고 느껴졌다면 고양이와 시간을 보낸다', '불안하거나 초조한 감정이 들기 시작하면 심호흡을 하고 기분이 안정되기를 기다린다'처럼 가능한 한 구체적으로 행동 계획을 생각해본다.

항복 기술 훈련은 무언가 기분 좋지 않은 일이 일어났을 때마다 실천해도 좋고, 4장의 악법일지에 쓴 문제를 사용해도 상관없다. 어떤 식으로 하든 중요한 것은 무의식적으로 발동시키는 저항 패턴을 분명하게 파악하여 현실적인 대처를 할 수 있는 부분만 철저하게 준비하는 것이다.

이런 작업을 반복하면 자신의 권한 내에 있는 일인지 밖에 있는 일인지 순간적으로 파악하는 능력이 생기고, 인생에 불필요한 저항을 하지 않는 태도를 갖출 수 있다. 그 결과 어떤 상황에서도 현실에 꼭 맞는 적절한 대처를 할 수 있게 된다.

7 —————— 똑바른 백성과 삐뚤어진 머리

이제 다시 피라항족 이야기로 돌아가보자. 아마존의 원주민이 세계에서 찾아보기 힘든 행복을 누리고 있는 이유에 대해 대니얼 에버렛은 경험의 즉시성을 핵심으로 보고 있다.[11] 이것은 자신의 경험에서 벗어난 사실을 중요하게 여기지 않는 사고방식을 의미한다. 간단히 말하면 모든 것을 있는 그대로 받아들이는 자세를 가리킨다. 그 증거로 피라항족은 실제로 보고 들은 것만 이야기하는 경향이 있다.

물고기를 잡았다. 카누를 저었다. 아이와 함께 웃었다. 친구가 말라리아로 죽었다.

그들의 모든 대화는 현실에 있었던 즉물적인 주제를 바탕으로 하며 가공의 이야기는 거의 찾아볼 수 없었다. '돈이 좀 더 있었다면', '그때 다른 행동을 했더라면' 같은 화제는 꺼내지 않는다.

바꿔 말하면 피라항족의 대화에 과거와 미래는 존재하지 않는다. 그 덕분에 내일의 일을 전전긍긍하며 고민하지 않고 과거의 실패에 사로잡혀 있지 않으며 그저 눈앞의 현재만을 즐길 수 있는 것이다. 그래서 그들은 특정 종교를 갖지 않고, 정령과 선조의 영이라는 개념도 없으며 자신들의 시조를 설명하는 창조 신화도 없다. 애초에 피라항어의 문법에는 과거나 미래의 개념조차 거의 찾아볼 수 없기 때문에 놀랄 수밖에 없다. 지금도 수렵 채집으로 생활하는 부족은 몇몇 존재하지만, 피라항족만큼 특이한 사례는 드물다.

물론 피라항족도 과거의 일이나 먼 미래를 상상하는 뇌 기능은 가지고 있다. 과거의 사냥에서 있었던 실패를 내일의 일에 살리는 작업은 그들 사이에서도 일상적이다. 그 점은 우리가 뇌를 사용하는 방식과 다르지 않다.

다만 피라항족이 선진국의 사람들과 다른 점은 그들이 근거가 부족한 일을 말하지 않으려는 문화를 가진 점이다. 예를 들어 '사냥을 하다가 맹수에게 공격을 받으면 어떻게 하지?', '사냥감을 찾지 못하면 굶어 죽지 않을까?' 같은 의구심이 머릿속에 떠올랐다고 하더라도 그들은 거기에서 다른 사고로 발전시키거나, 불안을 키우는 일은 하지 않는다. 더 나아가 언급해보자면 사냥을 하다가 크게 다치는 사고가 일어났더라도 왜 그런 일을 당했는지 한탄하지도 않고, 통증으로 죽는 건 아닐지 두려워하지도 않는다.

그들이 상처를 입었을 때 하는 일은 '나는 지금 상처의 통증을 느끼고 있다'는 사실을 받아들이고 다음으로는 가능한 한 치료를 하는 일뿐이다. 아무리 자신의 운명을 한탄해본들 문제 해결에는 도움이 되지 않기 때문에 현실의 통증에는 깔끔하게 항복한 후에 해야 할 일만을 하는 것이다. 그렇기 때문에 피라항족은 자신들을 똑바른 백성이라고 부르며, 외부에서 온 사람을 삐뚤어진 머리라고 부른다. 불필요한 일을 날조하지 않는 그들에게 참으로 어울리는 통칭이다.

8 ——————— 지금은 큰마음 먹고
항복하자

통증에 항복하기 위해서는 막대한 어려움이 동반된다. 사람의 통증은 인체가 갖추고 있는 기본 시스템이고, 그 기능의 극복을 시도하는 행위는 600만 년에 이르는 진화의 흐름을 거스르는 중대사라고 할 수 있다.

하지만 그 어려움에 도전하는 의미는 있다. 당뇨나 요통 같은 현대의 병, 불안정한 고용 환경, 경제에 대한 불안, 독박육아, 사회 불안 장애, 노인 돌봄 문제 등. 우리의 선조들이 경험하지 못했던 고민과 괴로움이 넘치는 현대사회에서 이제는 진화가 준비해준 생존 기능만으로는 부족하다. 컴퓨터와 달리 운영체제가 업데이트되지 않는 인류에게는 기존의 시스템으로 살아가는 수밖에 없기 때문이다.

일본의 서양 군사학자 오토리 게이스케는 하코다테 전쟁

(1868~1869년)에서 고료카쿠 성곽이 함락되기 직전까지 몰렸을 때 신정부군에 철저하게 항전을 주장하는 동료를 향해 말했다.

"죽는다고 생각하면 언제라도 죽을 수 있다. 지금은 큰마음 먹고 항복해야 할 때가 아닌가."

인생의 통증에 맞서는 것은 언제라도 할 수 있다. 하지만 그 통증에 항복할 여유가 생겼을 때 우리는 똑바른 백성에 한 걸음 다가갈 수 있을 것이다.

6장

무아

無我 ｜ Selflessness

1 ——————— 무아를 이끌어내는 작업

지금까지 우리는 자기의 문제를 극복하는 토대를 다졌다. 1장에서는 자기가 괴로움을 생성하는 메커니즘을 파악했고, 2장에서는 자기가 이야기로 구성되어 있다는 사실을 이해해 보았다. 3장에서 몸과 마음에 안정감을 주고 자기를 지우는 토대를 만들었고, 4장에서는 우리 뇌에 뿌리내리고 있는 이야기를 이끌어냈으며, 5장에서는 현실을 인정하여 괴로움을 받아들이는 기술을 키웠다.

이번 장부터는 드디어 무아를 이끌어내는 작업에 들어간다. 악법과 항복에서 다룬 기법이 이야기의 악영향에 대처하는 방법이었다면, 여기서부터는 이야기 그 자체가 떠오르지 않도록 뇌를 사용하는 방법을 살펴본다. 우리를 괴롭히는 이야기에서 자신을 완전히 분리하여 본격적으로 자기를 해체

하는 단계이다.

구체적인 대책에 들어가기 전에 일단 자기와 마주할 때 어떤 어려움이 생기는지를 다시 한번 살펴보자. 우선 우리는 1장에서 자기가 단지 생존 도구일 뿐이라는 것을 확인하면서 일상적으로 나의 끄고 켜기를 반복하고 있다는 사실을 확인했다. 그런 의미에서 무아의 경지는 결코 불가능한 일이 아니다.

하지만 2장에서 본 것처럼 '나는 나'라는 감각은 개체의 생존에 빠뜨릴 수 없는 것이고, 인간의 뇌에서는 자기가 다양한 감정과 사고를 총괄하는 상위의 존재라는 감각을 계속해서 발생시킨다. 그렇기 때문에 우리는 자기를 실태보다 중요하게 여기며 이것을 내려놓는 작업에 큰 불안과 공포를 느끼게 된다.

덧붙여 말하자면 우리의 뇌는 1초도 걸리지 않는 사이에 이야기를 만들어내기 때문에 그 발생을 의도적으로 멈추게 할 수는 없다. 거기에 더해 우리는 허구의 스토리를 절대적인 현실이라고 굳게 믿는 경향까지 갖추고 있고, 애초에 이야기에 조종받고 있다는 사실조차 깨닫지 못한다.

요약하자면 우리가 이번 장에서 해결해야 할 문제는 다음과 같다.

❶ 인간은 이야기의 자동 발생을 확실하게 멈출 수 없다.

❷ 인간은 이야기에 따라 행동하는 자신을 인식할 수 없다.

이렇게 보면 손쓸 방법이 없어 보이는 어려운 문제이지만, 다행히도 현대에는 신경과학 및 심리요법의 연구가 발전하여 임상 테스트에서 좋은 효과를 인정받은 대책이 존재한다. 그 대책이란 정지와 관찰 두 가지이다.

2 —————————— 선문답은 왜 어려울까?

첫째로 정지란 뇌의 자원을 다른 무언가에 사용하여 이야기의 제조 기능 그 자체를 멈추게 만드는 방법이다. 이 방법에는 몇 가지가 있는데, 우선은 정지의 사고방식을 이해하기 위해 선문답禪問答은 왜 어려운지 생각해보자.

중국 남송시대의 선승이 지은 선문답집 『무문관無門關』에 이런 이야기가 있다.[1]

옛날 중국에 구지라는 유명한 승려가 있었다. 구지 스님은 누구에게 어떤 질문을 받아도 그저 검지를 하나 세우는 것으로 대답할 뿐이었다. 그 이외에는 아무것도 하지 않고, 아무 말도 하지 않는 것으로 알려진 인물이었다.

하루는 구지 스님이 있는 절에 방문한 사람이 수행 중인 스님에게 물었다.

"이 절의 스님은 어떤 설법을 하시고 계십니까?"

이때 어린 스님은 구지 스님을 흉내 내어 검지를 세우고는 아무런 대답을 하지 않았다.

그러자 그 이야기를 들은 구지 스님은 어린 스님을 불러 놀라운 행동을 했다. 천천히 칼을 꺼내 들고는 어린 스님의 검지를 잘라버린 것이다. 통증과 공포에 휩싸여 울며 도망치려는 어린 스님을 불러 세운 구지는 그에게 손가락 하나를 세워 보였다. 그 순간 어린 스님은 모든 것을 이해했다.

무슨 이야기인지 도통 이해할 수 없다. 왜 스님은 평소에 계속 검지를 세워 보였을까? 왜 어린 스님은 손가락을 잘리고 무엇을 이해할 수 있었을까? 선문답은 의미 불명의 대화라고도 할 수 있는데, 확실히 처음부터 끝까지 의문투성이다.

선문답에는 비슷한 이야기가 많다. "부처란 무엇입니까?"라는 질문에 "마삼근麻三斤이다"라고 대답한 동산 스님이나 "마른 대변 덩어리다"라고 대답한 운문 스님 등 의문이 가득한 에피소드가 끝이 없다. 대체 과거의 고승들은 무슨 이유로 이런 의미 불명의 이야기를 중요하게 여겼을까?

이 의문에 흥미를 품은 많은 석학이 전 세계에서 연구를 진행했다. 하지만 여전히 정설이라고 불릴 만한 견해는 없고, 그나마 많은 지지를 받는 것은 독일의 사회학자 페터 푹스와 니클라스 루만의 견해이다.[2]

"패러독스의 틀 내에서 골치를 앓다가 문자 그대로 뇌쇄되는 것이 선문답의 출구이며, 해결책을 깨달을 때까지 계속해서 고민해서는 안 된다. (선문답의 역할은) 다양한 자의적 정보에 대한 해석을 거부하며 자신을 말소시키는 것에 있다."

선문답은 명확한 답이 있는 퀴즈가 아니라 애초에 유일한 해석이 나오지 않도록 의도적으로 설계되어 있다. 의미 불명의 우화에 대해서 굳이 끝까지 생각하여 사고 회로를 마비시켜 자기를 지워버리는 것이 선문답의 목적이라는 것이다. 예를 들어 '지금 읽고 있는 문장은 절대로 틀렸다'는 자기 언급의 패러독스에 대해 생각해보면 많은 사람은 초조함이나 조바심과 비슷한 감정을 느낀다.

"이 문장이 옳다고 한다면 이 문장은 틀렸다는 것을 의미하게 되어 이 문장이 옳지 않다는 것이 된다. 하지만 이 문장을 틀렸다고 하면 이 문장은 옳은 것이 되어 이번에는 이 문장은 틀린 것이 되어……."

이런 패러독스 때문에 머릿속에 모순된 사고가 맴돌며 답이 나오지 않는 질문에서 의식을 다른 곳으로 돌려야만 하고, 뇌가 부정적인 감정을 발동시키는 것이다.

하지만 여기에서 나아가 억지로 고민을 계속하면 묘하게 상쾌한 기분을 느끼는 사람이 분명 있을 것이다. 풀리지 않는 수수께끼로 인해 뇌의 회로가 정지하여 결과적으로 머릿속을 맴돌던 사고에서 해방되기 때문이다.

3 ───────────── 사고를 멈추면
미 센터도 멈춘다

선문답을 실천 중인 뇌를 조사하는 것은 어렵기 때문에 페터 푹스와 니클라스 루만의 해석이 어디까지 옳은지는 확실히 알 수 없다. 하지만 어떤 작업에 의식을 집중할 때 이야기가 정지하는 현상은 이미 많은 실험에서 확인되었다.

그 대표적인 방법으로 가장 유명한 것은 영창이다. 많이 알고 있듯이 영창이란 예배의 기도문을 일정한 리듬과 절에 맞춰 노래하는 종교의식의 하나로 짧은 성구를 몇 번이고 반복하는 패턴과 성가처럼 복잡한 구성의 악곡까지 여러 종류가 존재한다. 절에서 외우는 축문이나 염불도 영창의 한 종류이다.

영창과 정지의 관계는 2000년대 후반에 들어 분명해졌다. 바이츠만 과학연구소의 연구에서는 건강한 남녀에게 '원ONE'

이라는 단어를 몇 번이고 반복시킨 결과 안정 상태의 기초선과 비교하여 디폴트 모드 네트워크DMN, Default Mode Network, 멍한 상태이거나 몽상에 빠졌을 때 활발해지는 뇌의 영역의 활동량이 떨어지고 자기에 관련된 이야기의 양도 유의미하게 줄어드는 경향이 보였다.[3] 홍콩대학교 연구팀의 실험에서도 결과는 비슷했다. 중국 정토교의 염불을 15분 정도 외운 피험자의 후방대상피질에 변화가 일어났고, 긴장이완 반응도 크게 증가했으며 역시 DMN 활동 저하도 보였다.

DMN은 우리가 무언가를 하지 않을 때 활동을 시작하는 신경회로로 전전두엽MPFC과 전방대상피질ACC 같은 폭넓은 영역에 구성되어 있다. 멍하니 상상을 펼치고 있을 때나 따뜻한 물에 몸을 담그고 두서없는 생각에 몸을 맡기고 있을 때 등 뇌가 의식적인 활동을 하지 않는 상황에서 여러 가지 정보를 정리하여 새로운 발상을 만드는 데 도움을 주는 네트워크이다. 샤워를 하는 도중에 좋은 아이디어가 떠오르는 것은 DMN의 작동과 크게 관련이 있다. 이 점에서 DMN은 중요한 회로이지만 최근에는 우리의 괴로움을 만드는 원인이 되기도 한다는 것이 밝혀졌다. 그 이유는 DMN은 자신과 관련된 정보를 처리하는 회로이기 때문이다.[4]

미래의 일을 생각하거나 과거를 되돌아보거나 누군가와

대화를 하는 상황에서 DMN의 활동이 활발해지고 '이 사람에게 미움받지는 않을까', '그 일을 망친 건 정말 끔찍했어' 등 자신과 관련된 부정적인 이야기를 만들어내기 때문에 일부에서는 미 센터Me center라고 부르는 전문가도 있을 정도이다.[5] 사실 열네 건의 기능적 자기공명영상fMRI 연구를 정리한 2020년의 메타 분석에서도 우울증 환자는 DMN의 활동량이 많다고 결론을 내렸다. 이 회로가 정신 건강을 악화시키는 역할을 하고 있다는 것은 틀림없다.[6]

또한 영창과 비슷한 사례로 음악도 비슷한 작용을 한다. 같은 음계나 가사를 반복하는 것이 역시 영창과 비슷한 효과를 일으키고, DMN이 만들어내는 자기의 감각을 지우기 때문이다. 심리학자 엘리자베스 헬무트 마굴리스는 음악의 매력을 다음과 같이 설명했다.[7]

"정해진 코러스의 반복에 따라 단어와 구절은 포화되어 의미를 잃어버리고, 우리는 가사를 새로운 감각으로 듣게 된다. 말이 감각적인 것으로 변하여 더욱 직감적인 악곡과 마주할 수 있게 된다."

음을 들으면서 '이 가사의 의미는?', '이 코드 진행은 재즈의 영향을 받은 것 같은데?'라는 생각을 하다가는 그 곡을 있는 그대로 즐기지 못한다. 하지만 같은 가사나 구절의 반복에 몸을 맡기면 사고의 마비가 일어나 그 곡을 온전히 즐길 수 있게 된다. 그레고리 성가의 울림에 마음이 안정되거나 독경이나 축문의 음률에 장엄한 기분이 드는 등의 경험을 해본 사람이 적지 않을 것이다. 그럴 때 우리 뇌 안에서는 DMN이 진정되고 원래는 자동적으로 움직일 것이 분명한 이야기가 기능을 멈춘다. 앞에서도 본 것처럼 우리는 이야기의 자동 발생만 멈추게 할 수는 없다. 그렇다면 자기에 관련된 기능 전체를 멈추는 수밖에 없다. 이것이 이번 장에서 정지를 중요하게 여기는 이유이다.

4 ——————— 관찰 능력에는 항우울제에 필적하는 효과가 있다

두 번째 대책인 관찰은 문자 그대로 자신의 뇌에 떠오른 이야기를 가만히 바라보는 작업을 의미한다. 다른 사람들 앞에서 일을 망친 과거의 이미지, 거짓말을 들킨 후의 부끄러운 감정, 돈이 부족해 미래가 불안해질 거라는 걱정 등 모든 부정적인 이야기를 과학자가 된 것처럼 계속해서 관찰하는 것이 기본 방법이다. 어쩐지 어려워 보이지만 관찰의 감각 그 자체는 누구나 바로 느낄 수 있다. 시험 삼아 이 책을 손에 든 채로 긴장을 풀고 앉아 다음의 단어를 소리를 내지 않고 읽어보자.

사과, 생일, 해안, 자전거, 장미, 고양이

단어를 읽을 때 자신의 마음에 어떤 변화가 일어났는가? 사과나 고양이의 이미지가 그대로 떠올랐을지도 모르고, 생일의 기억이 스쳐 지나갔을지도 모른다. 물론 아무런 변화가 일어나지 않을 수도 있는데 그것 역시 상관없다. 이 실험의 포인트는 극히 평범한 단어에 자신의 내면이 어떤 반응을 했는지를 깨닫는 것이다. 단어를 반복해서 다시 읽어보며 뇌 안에 어떤 이미지나 생각이 떠오르는지 바라보는 과정이 바로 관찰이다.

이런 작업에 의미가 있는지 의문을 갖는 사람도 많을 것이다. 하지만 관찰의 원리를 사용한 방식은 기원전부터 세계 각지에서 사용되어온 정신 수양 방법의 하나로, 선종에서 사용하는 좌선, 원시불교의 위파사나 명상, 기독교의 묵상, 고대 인도의 요가, 힌두교의 디야나 등 다양한 종파에서 이어져 내려오고 있다. 다양한 종교의식에 같은 특징이 있다고는 말할 수 없지만 많은 종파에 '그저 관찰한다'는 방식은 보편적으로 존재하는 것이다.

최근 몇 년 사이 관찰의 과학적 연구가 진행되었다. 존스홉킨스대학교 등의 연구팀에 따른 메타 분석에서는 좌선과 명상에 관련된 과거의 연구에서 3,515명의 데이터를 정리하여 자신의 생각과 감정을 관찰하는 훈련을 8주간 계속하면 불안과 우울 증상에는 0.3, 통증에는 0.33의 유효량이 있다고 보고했다. 유효량은 관찰 방식을 수식으로 환산한 것으로 0.3포인트라는 수치는 일반적인 약물 치료에 상당하는 수준이다. 약을 사용하지 않고 동등한 효과를 얻을 수 있다면 시도해볼 가치는 충분하다.

더 최근에는 관찰 훈련으로 뇌 구조가 변한다는 보고도 증가하고 있다. 로마대학교 등에서 실시한 메타 분석에서는 53건의 뇌 기능 이미징 연구를 조사한 후에 이렇게 결론을 내렸다.[8]

"관찰 훈련에 따라 뇌의 기능적, 구조적인 변화가 일어난다. 특히 자기 인식과 자기 제어를 포함한 자기 언급 프로세스에 관련된 영역과 주의, 실행 기능, 기억 형성에 관련된 영역이 변화했다."

관찰 훈련은 뇌의 '나'에 관련된 영역에 변화를 일으키고, 이를 통해 정신의 개선 및 집중력과 기억력 향상을 기대할 수 있다. 아직 연구가 시작된 지 얼마 되지 않은 분야이므로 이어지는 연구가 필요하겠지만, 여러 개의 데이터가 관찰이라는 방식을 의미 있게 보고 있는 점은 틀림없다.

5 ——— 괴로움을 악화시키는 사람은 모든 것을 자신의 일로 받아들인다

관찰의 힘으로 자기에 변화가 일어나는 메커니즘을 설명해보겠다. 일반적으로 괴로움을 악화시키는 사람의 뇌는 섬피질과 편도체라는 두 가지 영역이 앞에서 설명한 미 센터와 강하게 연결되어 있다. 섬피질은 신체의 감각 데이터를 감시하는 영역이고 편도체는 불안과 공포 등의 감정을 일으키는 영역이다.

이 영역이 미 센터와 이어지면 우리는 부정적인 반응을 드러내기 쉬워진다. 신체에 어떤 이변이 일어날 때마다, 혹은 내면에 공포나 불안이 생길 때마다 미 센터가 자기를 일으켜 '나에게 문제가 있는 것은 아닐까?' 같은 부정적인 이야기를 만들어내기 때문이다.

가벼운 두통이나 현기증, 문득 머리를 스치는 불안, 동료와의 갈등 등의 작은 문제가 일어날 때마다 자신의 문제로 받아들인다면 마음이 닳는 것은 당연하다. 간단히 말하자면 괴로움을 악화시키는 사람의 뇌는 세계의 작은 변화를 모두 자신의 일로 받아들이는 경향이 있다.

그런데 관찰 훈련에서는 신체 컨디션이 나쁘거나 내면에서 불안한 마음이 들어도 일단 그것들을 방치하고 그대로 계속 바라보는 태도를 요한다. 외부 세계의 변화를 쓸데없이 자신의 일로 여기지 않고 그저 뇌에 일어난 현상의 하나로 계속해서 관찰하는 것이다. 그러면 머지않아 중요한 변화가 일어난다. 사용하지 않는 근육이 조금씩 약해지는 것과 마찬가지로 섬피질, 편도체와 미 센터를 연결하는 신경 경로가 줄어들어 몸과 마음의 변화를 쓸데없이 자신의 문제로 받아들이지 않게 된다.

이 상태는 모르는 역에서 전철의 운행을 살피는 승객과 비슷하다. 자신의 마음을 역의 승강장이라고 상상하고 뇌에서 떠오르는 사고와 감정을 전철이라고 생각해보자. 전철은 승강장에 일단 멈췄다가 머지않아 반드시 다음 역을 향해 출발할 것이다. 전철을 타지 않고 그저 승강장에서 운행을 바라보고 있으면 모르는 장소에 도착할 걱정은 없다.

1장에서 설명한 것처럼 우리가 자기에 사로잡히는 것은

뇌가 외부 세계의 위협에 과잉 반응을 보일 때였다. 하지만 관찰을 계속한 사람의 뇌는 위협에 반응이 어려워지고, 그 결과로 자신을 향해 두 번째 화살을 쏘는 횟수도 줄어들었다. 즉 관찰 훈련에 의해 뇌가 만들어내는 이야기를 '이것은 현실이 아니다'라고 인식할 수 있게 된 것이다. 정지의 힘으로 이야기의 강도를 최대한 떨어뜨리고, 관찰의 힘으로 이야기를 현실에서 분리한다. 이 두 가지가 무아를 달성하기 위한 마지막 기술이다.

그렇다면 이후에는 수행자처럼 사람이 사는 마을에서 떨어진 곳에서 명상이라도 한다면 결국 자기에서 해방될 것 같지만 그렇게 간단하지는 않다. 사실 최신 연구에 따르면 아무리 관찰 훈련을 해도 효과를 얻지 못하는 사람과 나아가 부작용까지 일어나는 사례 또한 증가했기 때문이다. 구체적으로 살펴보자.

• 동기 부여의 저하

워싱턴대학교의 실험에서는 15분 동안 명상을 한 피험자는 평범하게 휴식을 취한 그룹보다 작업에 대한 동기 부여가 약 10퍼센트 저하했다.[9] 이것은 명상에 따른 자기의 감각이 옅어진 탓으로 미래의 목표를 향한 마음이 줄어들었기 때문이라고 생각할 수 있다.

• 부정적인 감정의 증가

신경과학자 윌로비 브리튼 연구팀의 문헌 고찰에 따르면 정기적으로 명상을 하는 사람의 약 25퍼센트가 패닉 발작, 우울증, 해리 감각 등의 부작용을 호소한 것이 밝혀졌다.[10] 명상으로 집중력이 높아지면서 자신의 감정에 과도하게 민감해진 탓으로 추정된다.

• 자기 본위의 사고 강화

366명을 대상으로 한 테스트에서 명상 훈련을 한 그룹의 일부는 봉사 활동에 참가하려는 의지가 크게 저하되었다.[11] 마찬가지로 162명에게 4주 동안 명상을 지시한 실험에서도 훈련을 계속한 그룹은 나르시시즘의 정도가 커졌고, 자기가 사라지기는커녕 반대로 자의식이 커지고 강화되었다.[12] 이것도 역시 명상으로 집중력이 높아진 탓에 오히려 의식이 자기로 쉽게 향하게 된 것으로 보인다.

이런 부작용은 옛날부터 정신 수양 분야에서 자주 거론되어온 일이다. 티베트 불교에서는 명상에 따른 부정적인 감정과 신체의 통증을 냠스^{nyams}라고 부르며 선종에서는 좌선으로 자아가 비대해진 상태를 마경魔境, 정신에 어떤 이변이 나타나는 현상을 선병禪病이라고 이름 붙여 수행자에게 주의를 환기시켰다.

선의 대가인 하쿠인 선사는 18세기에 선병의 경험을 이렇게 말했다.[13] "나의 사지는 항상 얼음처럼 차갑고, 마치 눈이 담긴 욕조에 몸을 담그고 있는 것 같았다. 격류의 옆을 걷는 것 같은 귀울림이 멈추지 않고, 깨어 있을 때나 잠들었을 때도 신비한 환영이 보였다."

병증만을 봐서는 신경증이나 조현병에 가까워 보인다. 현대에서도 같은 증상이 보고되는 사례가 많아 정신 수양의 어두운 면에는 충분한 주의가 필요하다.[14]

6 —————— 정지와 관찰의
성과를 좌우하는 5대 요소

그렇다고 쓸데없는 공포를 부추기려는 것은 아니다. 여기에서 강조하고 싶은 점은 정지와 관찰의 효과에는 개인차가 크다는 점이다. 앞에서 본 윌로비 브리튼의 연구에서 같은 훈련을 했는데도 사람에 따라 정반대의 결과가 나오는 경우가 몇 번이고 관찰되었다. 어떤 사람은 명상으로 집중력과 행복도가 높아진 반면 다른 사람은 허무함과 신체의 통증이 늘어난 케이스도 드물지 않았다.

이것은 운동과 공부도 마찬가지다. 체력이 없는 사람이 갑자기 마라톤에 도전하면 몸을 다칠 뿐이고, 수학의 기초가 없는 사람이 고교 수학을 풀려고 한다면 시간 낭비일 뿐이다. 정신 수양도 사정은 다르지 않아 개인에게 적합한 방법을 고르지 않으면 효과가 반감하기는커녕 반대로 자기의 강화로 이어질 수도 있다. 정지와 관찰의 기법에는 다양한 종류가 있으므로 특정 훈련에 불쾌한 느낌이 들었다면 다른 방법을 선택해야 한다.

이 문제에 대해서는 다행히도 옥스퍼드대학교의 마인드풀니스센터[15]와 런던대학교[16]가 조사 결과를 바탕으로 몇 가지의 유의 사항을 제안했다. 정지와 관찰 훈련을 효과적이고 안전하게 하기 위해서는 다음의 다섯 가지 포인트에 주의하자.

1. 점진성

점진성은 훈련 강도나 부하를 조금씩 올리는 것을 의미한다. 운동과 마찬가지로 정신 훈련에서도 적절한 부하는 빠뜨릴 수 없다. 초보자가 갑자기 하루에 한 시간이나 좌선을 하는 것은 현실적이지 않기 때문에 처음 시작할 때에는 강도가 낮은 방법을 사용하는 편이 효과적이다. 구체적인 훈련 예시는 다음과 같다.

• 작무

관찰을 실천하는 가장 간단한 방법은 일상생활 속에 일부를 도입하는 것이다. 식사, 설거지, 청소 등 일상적으로 하는 일이라면 무엇을 선택해도 상관없다. 눈앞에 일어나고 있는 것에 의식을 집중하면 그것이 관찰이 된다.

이렇게 일상생활을 모두 수행 장소로 생각하는 사고방식을 도겐 스님은 작무作務라고 부르며 좌선과 독경보다 중요하게 여겼다. 분명 식사를 준비하거나 청소를 하는 것 같은 평범한 가사 노동이 좌선보다 도입하기 쉽고, 단조로운 만큼 '나는 지금 정신 수행을 하고 있다'는 자기의 비대화도 쉽게 일어나지 않는다.

다만 익숙해지기 전에는 일상생활의 어디에 감각을 기울이면 좋을지 알기 어렵기 때문에 어떤 잡무로 명상을 할 것인지, 어떤 감각에 집중할 것인지 두 가지를 정해두면 좋다. 예를 들어 '손을 씻을 때 피부에 흐르는 물의 감각에 집중한다'고 사전에 정해두고 손을 씻기 시작한 후에 다른 생각이 떠올랐다면 당황하지 말고 물의 감각으로 돌아가는 작업을 반복하는 것이다.

처음에는 하루에 3분을 목표로 시작한다. 한 연구에서는 51명의 학생에게 일상의 가사에 가능한 만큼 의식을 집중하도록 지시한 결과 3~5분 정도만으로도 하루의 긴장감과 불안이 줄었다는 보고가 있었다.[17] 1회에 3~5분의 작무를 계속할 수 있게 되었다면 또 다른 방법을 도입해본다.

작무의 예

· 차를 마실 때 혀에 느껴지는 맛에 의식을 계속 집중한다.

· 그릇을 씻을 때 자신의 호흡에 주의를 기울인다.

· 그릇을 씻을 때 세제의 향이나 거품을 느낀다.

· 그릇을 닦으며 닦는 동작을 관찰한다.

· 바닥을 걸레로 닦을 때 반복되는 움직임을 느낀다.

· 바닥의 다양한 곳을 쓸고 닦는 데 계속 관심을 가진다.

· 천의 질감에만 의식을 기울이며 빨래를 갠다.

· 건조기에서 빨래를 꺼낼 때 옷에 남은 열기를 느낀다.

· **지상**

가장 가볍게 정지 기술을 키우는 훈련법이 지상止想이다. 뇌 안의 이미지나 호흡 같은 특정 대상에 의식을 기울이는 유형의 명상으로 신경과학 등의 분야에서는 초점주의Focused Attention라는 명칭으로 연구가 진행되고 있다.[18] 다음 단계를 따라 해보자.

❶ 의식을 집중할 대상을 정한다. 호흡, 환경 소음, 촛불의 불꽃 등 지상의 대상은 자유롭게 선택해도 상관없지만, 호흡을 사용하는 것이 가장 쉽다. 호흡을 선택한 경우에는

숨이 콧구멍을 지나가는 감각에 주의를 기울이거나 배를
팽창시키고 수축시키는 것에 집중하는 등 의식을 향하는
대상을 가능한 한 자세하게 정한다.

❷ 편안한 자세를 취한다. 의자에 앉아도 괜찮고, 바닥에 가
부좌 자세로 앉아도 상관없다. 정해진 형태는 없으므로
자신이 긴장을 풀 수 있는 자세를 선택한다.

❸ 어깨에 힘을 빼고 복식 호흡을 하면서 선택한 대상에 의
식을 집중한다. 올바른 호흡을 하고 있는지, 명상이 제대
로 되고 있는지 생각하는 것이 아니라, 정해진 대상을 경
험하듯이 주의를 집중한다. 만약 호흡에 집중하려고 정했
다면 아무런 판단도 내리지 말고 공기가 콧구멍을 통과하
는 감각에만 의식을 집중한다.

❹ 지상을 시작한 후 20초가 지나면 머릿속에서 다양한 생각
들이 떠오르기 시작한다. 묵묵히 앉아 있다 보면 DMN이
작동하기 시작하여 그날의 스트레스를 다시 떠올리거나
미래의 일을 걱정하거나 구입할 물건의 목록을 만드는 등
의 생각을 하도록 뇌를 재촉할 것이다. 하지만 집중이 흐

트러지더라도 신경 쓸 필요는 없다. 포기하지 말고 몇 번이고 반복하여 선택한 대상으로 의식을 되돌린다.

지상의 단계는 위와 같다. 여러 조사에 따르면 단시간의 연습으로도 집중력이 높아질 가능성이 있다고 밝혀졌기 때문에 처음에는 5분 정도부터 시작한다. 한 회에 주의가 흐트러지는 횟수가 10회 이하가 되면 2~3분씩 시간을 늘려보자.

2. 취약성

취약성은 개인이 제각각 가지고 있는 약함을 가리키는 말이다. 예를 들어 정신 질환을 앓았던 이력이 있는 사람, 4장에서 소개한 열여덟 가지 악법의 강한 영향을 받는 사람, 좋지 않은 라이프스타일로 건강이 나빠진 사람 등은 정지와 관찰로 부작용이 생기기 쉬운 경향이 있다. 훈련으로 집중력이 높아지면 오히려 과거의 좋지 않은 경험이나 부정적인 감정을 강하기 느끼게 되기 때문이다.[19]

이 문제에 대처하기 위해서는 훈련을 시작하기 전에 우선 3장에서 소개한 세이프플레이스 워크나 그라운딩 등의 기법으로 마음을 안정시켜둔다. 그래도 훈련 후에 부정적인 감정이 증가했을 때에는 다음 훈련도 병행한다.

• 연소

연소軟蘇는 하쿠인 선승이 선병을 극복하기 위해 사용한 훈련이다. 안타깝게도 연소 효과를 확인한 실험은 없지만, 그 내실은 심리요법에서 사용되는 이미지 치료와 보디 스캔과 무척 비슷하기 때문에 일정의 효과를 기대할 수 있다.[20] 구체적인 방법은 다음과 같다.

❶ 긴장을 풀고 앉는다. 우선은 자신의 머리에 주먹 크기만한 부드러운 연소를 올려놓은 장면을 상상한다. 연소란 우유를 끓여 만든 고대의 버터로 색과 향이 좋은 식재료로 알려져 있다.

❷ 버터가 조금씩 녹아내려 머리에서 흘러내리는 모습을 상상한다. 그 액체에는 신체 피로와 통증을 완화시켜주는 효과가 있다고 생각한다.

❸ 버터가 목, 어깨, 팔, 가슴, 등을 타고 내려 마지막으로 다리에 닿는 장면을 상상한다. 녹아내린 버터가 온몸에 스며드는 감각을 상상하면서 자신의 육체와 감정이 어떻게 변화하는지를 바라보며 마무리한다.

버터를 떠올리기 힘들다면 좋아하는 아로마오일을 떠올려봐도 상관없다. 라벤더나 제라늄 등 자신의 마음이 편안해지는 오일이 머리에서 흘러내리는 장면을 상상하면 된다. 신체에 대한 의식을 높이는 작용도 있어서 내수용 훈련의 하나로 사용하는 것도 좋다.

3. 수용성

수용성은 5장에서 본 항복과 거의 같은 개념이다. 가장 중요한 것은 저항을 위해 명상을 하지 않는 것이다. 좋지 않은 감정을 피하기 위해, 기분을 좋게 하기 위해, 과거의 기억에서 도망치기 위해 명상을 하는 것은 모두 현실에 대한 저항에 해당하고, 그런 상태로는 훈련을 계속한다고 해도 고통이 증가하는 결과만 얻을 뿐이다. 여러 가지 연구에서도 평소의 정신 훈련에 수용성의 요소를 도입하면 스트레스가 줄고 정신도 쉽게 좋아진다고 보고하고 있다.[21] 이 과정이 어려운 사람은 우선 5장에서 보았던 항복 훈련을 몇 주 동안 진행한 후에 다음의 방법으로 넘어가자.

• 어상

어상語想은 하와이대학교의 리언 제임스가 만든 의식의 수용 기법이다. 간단한 방법으로 임의의 단어를 몇 번이고 소리 내어 반복하거나 같은 말을 가득 채워 쓴 종이를 가만히 바라보기만 하면 된다. 예를 들어 '단어'라는 말을 선택했을 경우 "단어, 단어, 단어······"라고 반복해서 외우거나 '단어'라는 문자를 늘어놓은 종이를 집중해서 본다.

사람에 따라서 시간은 다르지만 대체로 5~10분 정도면 '단어'라는 말의 의미가 사라지고 마치 외국어라도 듣는 것 같은 감각이 생길 것이다. 문자를 바라보는 경우에는 조금씩 '단어'가 단순한 문자를 모아둔 것처럼 보이기 시작하여 마지막에는 종이 위에 무의미한 선이 이어져 있는 것처럼 보일 것이다. 이것은 의미 포화라고 불리는 현상으로 같은 정보에 몇 번이고 노출된 탓에 뇌가 지루해하기 시작하여 결국 하나하나 데이터를 처리할 필요가 없다고 판단하기 때문에 발생한다.

어상의 목적은 특정 말을 반복하여 사고를 일시적으로 정지시키는 것이다. 처음에는 의식이 집중되지 않겠지만 몇 번이고 반복하는 사이에 뇌가 이야기의 제조를 멈추는 감각을 이해할 수 있게 된다. 반복하는 말은 무엇이라도 상관없지만 '죽음'이나 '환희' 같은 강한 감정을 불러일으키는 말은 의식 수용까지 시간이 오래 걸리기 때문에 피하는 것이 좋다. 가능한 한 중립적이고 자극이 낮은 말을 선택한다.

• 관상

관상觀想은 오픈 모니터링법으로도 불린다. 정신 수양의 기법 중 하나로, 최근 10여 년 사이에 많은 연구가 이루어졌다. 교토대학교의 조사에 따르면 평균 920시간의 관상을 한 사람은 앞에서 살펴본 미 센터의 기능이 떨어지고 자기와 관련된 이야기가 발생하기 어려워졌다고 한다.[22] 막스 플랑크 연구소 등에서 시행한 다른 테스트에서는 정신 훈련의 초심자에게 하루 30분의 훈련을 3개월 동안 지시하자 대부분의 참가자가 미래에 대한 불안과 과거에 대한 후회를 느끼지 않게 되고, 객관성의 수준이 증가했다.[23]

일반적인 실험에서 사용하는 관상은 다음과 같다.

❶ 긴장을 풀고 앉는다. 어떤 대상에도 집중하지 않고 의식이 흐르는 대로 둔다. 신체 감각이 신경 쓰이기 시작했다면 자신의 주의가 허리 통증으로 향했다는 사실만을 관찰하고 외부에서 들리는 소리가 신경 쓰였다면 소리에 주의를 기울였다는 사실만을 관찰한다. 만약 이런 훈련에 의미가 있을지 의구심이 들었다면 마찬가지로 '이런 훈련에

의미가 있을까'라고 생각했다는 사실을 관찰한다. 어려운 경우에는 '지금 주의가 흐트러졌다' 같은 말을 소리 내어 확인하면 익숙해지기 쉽다.

❷ 사전에 정해둔 시간까지 관찰 작업을 계속한다. 여기서 가장 중요한 것은 뇌 안에 이야기가 발생하는 것을 그대로 두는 것이다. 관상을 하는 사이에 머릿속에 떠오른 것에 대해 '마음에 든다, 마음에 들지 않는다', '좋다, 나쁘다', '옳다, 그르다', '재미있다, 시시하다' 같은 판단을 하지 않도록 주의한다. 만약 '이 통증은 기분 나쁘다' 같은 생각이 들었을 때는 그런 생각을 했다는 사실 자체를 인지한 후 다시 관찰 모드로 돌아가면 된다.

이와 같이 관상은 간단하지만 난이도가 상당히 높은 방법이기도 하다. 우리의 뇌는 과거나 미래의 일과 관련된 이야기를 차례차례 만들어내기 때문에 이 훈련을 처음 시작했을 때는 관찰의 정신을 쉽게 잊어버릴 것이다.

하지만 낙담하지 않아도 된다. 의식이 흐트러지는 것은 일반적인 일이고, 수십 년 동안 훈련을 한 후에도 자연스럽게 발생하는 현상이다. 인내심을 갖고 훈련을 계속하다 보면 반드시 마음의 방황은 줄어들고, 사고와 감정을 관찰하는 시간이 길어질 것이다.

말하자면 관상 훈련이란 구름 속에 있는 자신의 곁을 다른 구름이 스쳐 지나가는 것을 바라보는 것과 같다. 구름은 지구의 날씨를 관리하는 중요한 시스템의 일부이다. 그 형태를 바꾸는 것도 움직임을 통제하는 것도 불가능하다. 스쳐 지나가는 구름의 관찰 일기를 쓰는 것처럼 자신의 사고와 감정을 다룬다.

4. 연기성

연기성緣起性이란 이 세상에 독립된 존재는 없고, 다양한 것이 인과관계의 네트워크에 의해 성립된다는 세계관을 의미한다. 한 예로 내가 지금 입고 있는 티셔츠는 이 세상에 갑자기 나타난 것이 아니다. 거슬러 올라가보면 유통업자가 옷 가게에 티셔츠를 납품했고, 그 전 단계로는 중국의 방직 공장에서 상품을 생산했을 것이다. 그 원료인 면이 생산된 곳까지 거슬러 가보면 이번에는 미국 텍사스 목화밭에 도달하고, 그 목화를 키우기 위해서는 씨앗과 비료가 필요하며, 그 씨앗을 얻기 위해서는 양질의 토양과 물과 햇볕을 빠뜨릴 수 없다. 이런 식으로 티셔츠 한 장에도 셀 수 없을 만큼 많은 인과의 네트워크가 얽혀 있다. 이것이 연기성이다.

자기의 문제에 대해서도 사정은 다르지 않다. 애초에 '나'라는 존재는 타인과의 관계가 없으면 성립하지 않는다. 집에서는 아이에게 엄격한 부모로 행동하지만, 회사에서는 밝고 쾌활한 상사로 존경받는 '나'. 학교에서는 말수도 적고 주위에서 눈에 띄지 않지만, 일부 친구들 앞에서만 리더 역을 맡는 '나'. 모두가 다양한 사람과의 관계나 기억 속에서 자기를 정의하고, 지금의 '나'의 형태를 만들 것이다.

이러한 연기성의 사고방식을 바탕으로 하지 않으면 관찰은 부작용을 일으키기 쉬워진다. 나는 주위로부터 독립된 존재라는 사고와 감정에 의식이 향하는 탓에 자기의 윤곽이 뚜렷해져 반대로 자의식이 부풀어 오르기 때문이다.

뉴욕주립대학교 버팔로캠퍼스팀이 325명의 남녀를 대상으로 테스트를 한 결과 이 사실을 확인했다. 실험 참가자의 절반에게 인간은 모두 독립된 존재라고 생각하게 하고, 나머지 절반에게는 인간은 모두 상호 의존하는 존재라고 생각하도록 지시했다. 그리고 자기 관찰 훈련을 시행한 결과 인간을 독립된 이미지로 파악한 그룹은 봉사 활동 참가 의지가 33퍼센트나 저하된 것에 비해 인간을 연기성의 이미지로 파악한 그룹은 봉사 활동 참가 의지가 40퍼센트나 증가했다.

요약하자면 연기성의 유무에 따라 관찰 효과가 정반대로 나타난다는 것이다.

매일 훈련할 때 연기성을 도입하기 위해서 다음과 같은 방법을 사용하면 좋다.

• 자경행

자경행慈經行은 원시 불교계에서 사용해온 수법으로 한마디로 말하면 걸으면서 다른 사람의 행복을 기원하는 훈련이라고 할 수 있다. 수많은 훈련 중에서도 마음을 안정시키는 효과가 높은 것으로 알려져 있다.

아이오와주립대학교의 실험에서는 496명의 학생에게 스쳐 지나가는 사람들의 행복을 빌어보라고 지시했는데, 그 결과 단 12분 만에 불안과 스트레스가 대폭 감소했다.[24] 평소에는 아무 생각도 없던 스쳐 지나가는 사람들의 행복을 기원함으로써 연기성의 감각이 높아졌기 때문이라고 판단된다.

자경행의 실천 방법은 간단하다. 출근길이나 쇼핑 중에 모르는 사람과 스쳐 지나갈 때 마음속으로 '이 사람이 건강하고 행복하기를……', '이 사람이 즐거운 인생을 보내기를……' 같은 생각을 하루 10분씩 해본다. 처음에는 부끄러운 느낌이 들지도 모르지만 대체로 1~2주 사이에 다른 사람의 행복을 기원하는 마음에 진심이 생기고 머지않아 자신의 마음속에 연기성의 감각이 스며들기 시작한다. 기분을 안정시키는 효과도 있기 때문에 관상처럼 난이도가 높은 훈련을 하기 전에 해보는 것도 추천한다. 외출할 수 없을 때는 방에서 혼자 친구나 지인의 행복을 빌어봐도 좋다.

5. 초월성

초월성이란 자신의 이해를 초월한 훌륭한 일을 접하는 것을 의미한다. 예를 들어 대자연 속에서 떨리는 것 같은 감동을 느끼거나 우주의 거대함을 상상하고 소름이 돋는다거나 명화를 보고 할 말을 잃는 것 같은 경험은 누구나 있을 것이다. 그때 우리는 초월성을 경험한다.

이 감각이 자기의 존재 방식을 좌우하는 것은 이해하기 쉬울 것이다. 애초에 초월성은 나를 잊을 것 같은 체험을 의미하기 때문에 자연과 예술의 숭고함에 마음을 빼앗기고 있는 동안에는 자기도 발생할 리 없다. 웅장한 경치나 뛰어난 그림 작품의 훌륭함은 말로 설명할 수 없고, 거기에 더해 뇌가 이야기를 만들어내지도 못하기 때문이다.

최근에는 초월성 연구도 많이 이루어지고 있다. 2,079명을 대상으로 한 캘리포니아대학교의 조사에서는 참가자의 절반에게 유칼립투스 나무를 보면서 감동과 놀라움의 포인트를 찾아보라고 지시했다. 잎맥의 흐르는 모양이 뭐라 말하기 힘들 정도로 아름답다거나 나무껍질의 굴곡에서 생명력을 느끼는 것처럼 마음을 움직이는 포인트를 의식하여 찾아보게 하자 참가자의 행동에 변화가 보였다. 아무것도 생각하지 않고 나무를 관찰한 그룹과 비교하여 초월을 의식하며 나무를 관찰한 그룹은 관대한 기분이 증가했고, 타인을 돕는 일에 적극적이 되었다.[25] 초월을 체험한 후 자기를 뛰어넘은 감각이 생기고 그 덕분에 에고이즘이 약해진 것이다.

주목할 부분은 유칼립투스 나무를 보는 것 같은 일상적인 체험만으로도 참가자의 나르시시즘이 저하되었다는 점이다. 초월이라고 해도 거창한 체험은 필요하지 않고, 마음만 먹으면 세계의 다양한 것이 자기를 뛰어넘은 감각을 발생시키는 원천이 될 수 있다. 자의식과잉이나 에고이즘의 문제로 고민하는 사람은 초월성을 가장 염두에 두면서 다음 훈련을 실천해보자.

• 외경행

외경행畏經行은 일상 속에서 초월성을 찾기 위해 개발된 훈련이다. 선의 세계에서 사용되어온 수법을 응용한 것인데, 8주 동안의 실천으로 참가자의 자기 본위적인 행동이 줄어들고 일상의 행복도가 크게 좋아졌다고 보고되었다.[26] 구체적인 단계를 살펴보자.

❶ 6초 동안 숨을 내뱉고 6초 동안 숨을 마시는 속도로 심호흡을 하면서 평소처럼 거리를 걷는다.

❷ 익숙한 광경 속에 지금까지 눈치채지 못했던 새로운 놀라움이나 감동은 없는지 생각하면서 계속 걷는다. 다만 의식해서 특정 대상에 집중하는 것이 아니라 주위의 소리, 영상, 냄새 등이 감각에 들어오는 대로 느껴본다.

❸ 걷는 도중에 생각이 시작되었다면 일단 호흡에 주의를 되돌려 6초의 심호흡을 반복한 후 다시 놀라움과 감동을 찾는 작업으로 돌아간다.

외경행의 과정은 위와 같다. 처음에는 어렵겠지만 일단 감을 잡으면 초월성은 어디에서라도 찾아볼 수 있게 된다. 사람에 따라서는 강물의 흐름에 신비함을 느끼는 경우도 있을 것이고, 어떤 사람에게는 고리 달린 따개를 발명한 사람의 두뇌에 경외를 느낄지도 모른다. 어느 포인트에 반응하는지는 사람마다 제각각 다르지만, 아무리 익숙한 풍경이라도 반드시 초월성의 씨앗은 잠들어 있다.

몇 번을 시도해봐도 초월성을 느낄 수 없는 경우에는 시험 삼아 물리적 확대나 신규성에 주목하여 훈련을 해본다. 앞에서 본 캘리포니아대학교 연구에서도 이 두 가지 요소를 겸비한 장소일수록 초월성이 발생하기 쉽다고 보고되었다.

구체적으로는 키가 큰 나무가 나란히 심어져 있는 좁은 길, 거대한 호수 같은 자연환경이나 고층 빌딩이 늘어선 큰 길, 역사적 기념물이 있는 광장 같은 도시 환경 등이 전형적인 예이다. 이 두 가지 가이드라인에 의식을 기울여 일상 속에서 초월성을 찾아보길 바란다.

7 ——————— 자기가 진정된 우리는
하나의 장소가 된다

지금까지 다양한 기법에 대해 이야기해보았다. 모든 과정의 공통점은 1장과 2장에서 본 자기의 발생 메커니즘을 파악해야만 한다는 점이다. 훈련을 계속해나가면서 경험이 쌓여가다 보면 다음과 같은 사실을 깨닫게 될 것이다.

❶ 자기, 사고, 감정은 모두 어디에서나 나타난다.
❷ 자기, 사고, 감정은 모두 방치하면 머지않아 사라진다.

이런 인식이 조금씩 뇌에 스며들면 곧 미 센터와 편도체의 연결이 약해지고 우리는 뇌가 만들어내는 이야기에 쉽게 휘말리지 않게 된다. 부정적인 감정과 사고는 생체 유지 기능의 하나이며, 모든 것이 세상의 변화의 일부에 지나지 않는다는 사실을 마음속 깊이 실감할 수 있기 때문이다. 이 지점에 도달했다면 인생의 고민에서 해방된 기분을 느끼는 사람도 적지 않을 것이다.

하지만 여기에서 나아가 정신 기능을 계속 관찰하면 또 한 번 흥미로운 변화가 일어난다. 우리의 자기를 구성해온 인생의 다양한 요소가 마치 처음부터 자신과는 관계가 없었던 것 같은 감각이 나타나는 것이다. 일의 성과, 다른 사람이 나를 칭찬해준 기억, 은행의 예금 잔고, 배 둘레에 쌓인 지방, 성격, 직함, 부끄러운 기억……. 그것이 긍정적인 일이든 부정적인 일이든 상관없이 지금까지의 인생에서 자신을 형성해온 기억과 개념의 허구성에 대해 뇌가 깨닫고, 급기야 '나'를 규정할 필요가 없어지기 때문에 모든 것이 조금씩 강도를 잃어버리기 시작한다. 일단 이렇게 되면 두 번째 화살도 이어지지 않는다.

오해가 없도록 덧붙이자면 무아에 도달한 후에도 자신의 내부에는 변함없이 자기가 계속 나타난다. 애초에 자기는 생존 수단으로 생겨난 존재라서 자기가 발생하는 것 그 자체를 멈추게 할 수는 없다. 다만 일단 관찰 기술을 익히면 더 이상 자기로 고민하지 않게 된다. 예전에는 확고한 존재였던 자기가 그저 여러 개의 이야기 중 하나로 변하기 때문이다.

이론만으로는 이해하기 어려운 감각이므로 여기에서도 은유를 사용해보자. 자신을 커다란 산이라고 상상해본다. 산의 날씨는 쉽게 변해서 어떤 때에는 쾌청한 날씨였다가 또 어느 순간에는 뇌우를 만나기도 한다. 불이 날지도 모르고, 나무에 꽃이 가득 필지도 모른다. 하지만 어떤 일이 일어나더라도 산이 산인 것은 변함없다. 아무리 날씨가 거칠어지더라도 산 그 자체는 그저 하나의 장소일 뿐이다.

여기서 말하는 날씨나 재해는 물론 자기가 만들어내는 어려움에 해당한다. 자기가 진정된 우리도 또 하나의 '장소'가 되어 사고와 감정이 아무리 거칠게 변하더라도 우리는 모든 것에 관계없이 계속 존재할 것이다.

8 ——————— 　그렇다면 지금
　　　　　　　　　　　　살아 있는 자신은 누구일까?

하지만 여기까지 와서도 여전히 다음과 같은 의문을 품는 사람은 있을 것이다.

"자기를 없앤다는 건 죽은 것과 같지 않은가?"

장소로 변한 내가 불안과 슬픔에 흔들리지 않게 되는 점은 좋지만, 그것은 다시 말해 기쁨과 열정의 상실로도 이어질 것이 분명하다. 그렇다면 폐인과 똑같지 않을까? 소설가 다자이 오사무가 『인간 실격』에서 '자신에게는 행복도 불행도 없다, 그저 모든 것이 지나갈 뿐이다'라고 묘사한 느낌과 비슷한 허무한 마음밖에 생기지 않는 것은 아닐까?

이와 같은 의문을 품은 사람이 적지 않았던 모양인지 예로부터 일본에서는 이런 설화가 이어져 내려오고 있다.[27]

어느 날 밤 혼자 여행하는 사람이 폐가에서 하룻밤을 묵어 가려고 했다. 그때 인간의 시체를 짊어진 두 혼령이 나타나 서로 그 시체는 자신의 것이라고 다투기 시작했다. 논쟁이 평행선을 그으며 결론이 나지 않자 두 혼령은 여행자에게 시체의 주인을 정하도록 명령했다.

당연히 어느 쪽이 주인인지 판단할 수 있을 리 없었다. 곤란해진 여행자는 어림짐작으로 오른쪽 혼령이 주인이라고 가리키자 예상하지 못한 일이 생겼다. 화가 난 왼쪽 혼령이 여행자의 양팔을 비틀어 잘라내자 그것을 본 오른쪽 혼령이 똑같이 시체의 팔을 잘라 여행자에게 대신 붙인 것이다.

이것이 화근이 되어 혼령들은 같은 일을 반복했다. 왼쪽 혼령이 다리를 비틀어 떼어내면 오른쪽 혼령이 시체의 다리를 붙였다. 몸통을 자르면 몸통을 붙이고 목을 자르면 목을 붙였다. 눈알을 빼내면 눈알을 넣었다.

결국 여행자의 몸과 시체가 완전히 바뀌자 다툼을 끝낸 혼령들은 시체를 절반씩 나눠 먹고는 어딘가로 사라졌다. 남겨진 여행자는 생각했다. '내 몸은 혼령에게 먹히고 말았다. 그렇다면 지금 살아 있는 나는 누구인가?'

그저 장소가 된 우리는 신체를 잡아먹힌 남자와 큰 차이

가 없다. 과거의 기억, 현재의 지위, 미래에 대한 기대 등 다
양한 이야기에서 떨어져나온 우리는 대체 누구일까?

에필로그

지혜

智慧 | The Wisdom

1 ——————

무아에 달한 자가 얻는 지혜의 경지

　무아의 경지에 다다른 인간은 무엇일까? 어떤 기분을 느끼고 어떤 행동을 할까? 이 질문에 대해서는 과거에 많은 현인이 경험담을 남겼다. 불전 번역가 오타케 스스무는 무아에 관련된 가장 오래된 증언으로 5세기 선승 보리달마가 남긴 말을 언급했다.[1]

　"방황할 때에는 마음이 경치에 둘러싸여 있다. 자신을 깨달아 알게 된 후에는 마음이 경치를 품는다."

　또 선문답을 대성시킨 12세기의 승려 무문혜개는 이런 말을 남겼다.[2]

　"무無를 결코 허무라거나 유무 같은 것으로 이해해서는 안 된다. (중략) 시간을 들이는 사이에 점점 성숙해져 자연스럽게 자신과 세계의 구별이 사라지고 하나가 될 것이다."

또 일본 원각사파의 관장을 맡았던 메이지의 선승 아사히 나 소겐의 증언은 다음과 같다.[3]

"산도 강도 풀도 나무도 모든 사람도 자신과 일체라는 것, 게다가 그것이 자기의 위에서 펄떡펄떡 살아 움직이며 보고 듣고 말하고 움직인다."

해석하기 어려운 표현이지만, 모두 무아에 이른 후에는 자 신과 세계를 가로막는 경계가 사라지고 정신이 확대된 감각 과 강한 행복감을 느낀다고 말하고 있다.

서구권에도 마찬가지 증언이 많이 남아 있다. 영국의 사 상가 앨런 와츠는 LSD라는 환각제를 복용한 후에 자기의 소 실과 상당한 행복감을 느끼고 모든 차이가 사라진 것 같다고 보고했다. 하버드의대의 뇌과학자 질 볼테 테일러는 37세 무 렵에 뇌졸중으로 자기 인식에 관련된 뇌 기능을 상실한 직후 부터 주변 일대가 평온한 행복감에 둘러싸인 것 같다고 느끼 고 이 상태를 뇌의 수다가 멈췄다고 표현했다.[4]

비슷한 증언은 그 외에도 무수하게 많지만 자기가 사라 진 후에 독특한 일체감과 안정감이 생기고 인생의 고민이 사 라져 강한 행복감을 얻었다는 내용이 가장 흔한 패턴이었다. 이 책의 용어로 말하자면 자기를 정의해온 이야기가 떨어져 나가고 그 덕분에 정신 기능이 확대된 상태라고 말할 수 있을지도 모르겠다.

하지만 이런 말을 들어도 대부분 받아들이기 어려울 것이다. 아무리 무아에 대한 말들이 많다고 해도 결국 모든 것은 주관적인 증언에 지나지 않고, 제각각의 마음속을 외부에서 아는 것은 어려운 일이다. 이 문제만은 아무리 과학의 측정법이 발전해도 해결되지 않을 것이다.

따라서 이번 장에서는 무아로 인해 일어나는 변화를 좀 더 잘 이해하기 위해 그들의 행동에 초점을 맞춰본다. 무아의 기술을 익힌 사람은 과연 어떤 행동을 할까? 어떤 상황에도 흔들리지 않고 태연한 태도를 유지할까? 아니면 모든 욕망에서 해방된 은둔자처럼 아무런 반응을 드러내지 않을까?

이와 관련해 최근 10여 년 사이에 흥미로운 연구가 많이 이루어지고 있다. 대표적으로는 시카고대학교와 워털루대학교 등의 연구팀이 적극적으로 하고 있는 지혜 연구이다. 학문의 세계에서 말하는 지혜는 아이큐나 지식의 양 등을 의미하지 않는다. 그 정의는 아직 명확하지 않은 부분이 있지만, 여러 전문가의 의견을 정리해보면 다음과 같은 기술의 집합체라고 생각할 수 있다.[5]

❶ 인생 경험에서 얻은 지식을 올바르게 이용할 수 있다.

❷ 어려운 일에 직면해도 불안해하지 않고 행동할 수 있다.

❸ 자신과 타인의 정신 상태를 주의 깊게 고찰할 수 있다.

요약하자면 지혜를 가진 사람은 인생 경험을 실천적인 지식으로 바꾸는 것이 뛰어나고, 문제가 생겨도 당황하지 않고 대처하며 타인의 심리를 잘 읽는 사람이라고 말할 수 있다. 영어로는 스트리트 스마트 street smart에 가까운 상태로, 분명 지혜라고 불리기에 적절한 능력일 것이다.

2 —————— 무아는 우리를
어떤 인간으로 만들까?

최근 수년의 연구에서 무아와 지혜에는 강한 관계성이 있다는 사실이 밝혀졌다. 시카고대학교 등의 테스트에서는 명상과 알렉산더 테크닉Alexander Technique, 신체 감각을 통해 자기 통찰을 강화하는 방법 등의 심신 훈련을 지속해온 남녀 298명을 모아 공감력, 의사결정력, 불안 레벨을 조사한 결과 심신 훈련을 오랫동안 해온 그룹일수록 지혜 레벨이 높은 경향을 보였다.[6] 이 결과에 대해 연구팀은 지혜는 연습으로 익힐 수 있는 기술로 보인다면서 특히 255쪽에서 소개한 관상의 훈련이 지혜를 높이기 쉽다고 했다.

그 외에도 비슷한 연구는 많이 이루어지고 있고, 다양한 조사 결과 무아에 따라 지혜가 향상되는 것을 알 수 있었다. 대체 무아에 의해 우리는 어떤 인간이 되는 걸까? 구체적인 내용을 살펴보자.

1. 행복도의 상승

관찰 훈련이 불안을 개선하는 데 도움을 준다는 것은 앞서 살펴보았는데, 더비대학교 등의 조사에서는 행복도 역시 상승한다는 사실이 확인되었다.[7] 이는 일본, 태국, 네팔 등에서 평균 25년에 걸쳐 매일 명상을 지속한 승려를 대상으로 한 것으로, 당연하지만 실험 전 단계에서부터 이미 전원이 높은 행복도와 지혜의 수준을 유지하고 있었다고 한다.

연구팀은 모든 참가자에게 연기성(257~260쪽)에 관련된 명상을 하도록 지시하고 실험 전에 측정한 베이스라인과 비교했다. 그러자 처음부터 높았던 참가자의 행복도가 더욱 상승했고, 긍정적인 감정과 다른 사람에 대한 자비심이 각각 10퍼센트, 16퍼센트씩 상승했으며 반대로 부정적인 감정은 24퍼센트 저하되었고 사물에 대한 집착도 10퍼센트 감소했다고 한다. 대표 저자인 윌리엄 반 고든은 이렇게 지적했다.

"주관적인 행복의 향상이라는 관점에서 보면 명상에 의한 존재론적인 의존이 약해지고 감정과 개념 등의 정신적인 부담을 축적하는 기반이 제거된 것 같다."

존재론적인 의존이란 자기는 확고한 존재라는 사고방식

에 대한 집착을 가리킨다. 정신 활동을 관찰하는 것으로 자기의 연기성을 실감하여 부정적인 사고와 감정을 만들어내는 중축이 사라진 결과 행복도가 높아진 것이다.

2. 의사결정력의 향상

무아에 다다른 사람들은 의사결정 능력도 높아진다. 프랑스의 경영대학원 인시아드INSEAD 조사에서는 관찰 훈련에 관련된 90건의 선행 데이터를 정리하여 훈련을 지속한 사람에게서만 보이는 특징을 다음과 같이 뽑아냈다.[8]

• 객관적인 판단이 뛰어나다

수십 건이 넘는 연구에 따르면 자기에 사로잡히지 않는 사람일수록 객관적인 판단을 내리는 데 뛰어난 경향이 있다는 사실이 확인되었다.[9] 무아로 판단력이 상승하는 메커니즘은 아직 불확실하지만 많은 연구자는 관찰 기술로 자기가 옅어진 덕분에 자만과 오만이 사라지고 주관에 사로잡히지 않는 판단을 할 수 있게 되었다고 생각한다.

• 정보처리의 질이 높다

무아에 이른 사람은 감정과 사고에 휩쓸리기 어렵고, 고정관

넘 없이 필요한 정보만을 정확하게 식별해낸다. 마찬가지로 외부에서 받는 압박에도 영향을 받지 않기 때문에 그만큼 불안과 초조함을 느끼지 않고 정보를 다룰 수 있다.

• **피드백에서 많은 것을 배운다**

정확한 의사결정을 하기 위해서는 경험에서 교훈을 얻는 과정을 빠뜨릴 수 없다. 그런 점에서 무아에 다다른 사람은 에고가 상처받지 않기 때문에 다른 사람에게서 부정적인 피드백을 받아도 너그럽게 받아들이고 그것을 다음 의사결정에 활용하는 능력이 뛰어나다. 대부분 추측성 데이터라서 바로 결론을 내릴 수는 없지만, 관찰 훈련에 따른 의사결정의 정밀도가 올라갈 가능성은 크다고 생각된다.

3. 창조성의 상승

명상 숙련자를 조사한 라드바우드대학교의 연구에서는 훈련 기간이 긴 사람일수록 불안과 슬픔을 느끼기 어렵고, 경험에 대한 개방성도 높다는 사실이 드러났다.[10] 경험에 대한 개방성은 인간의 성향 분류 중 하나로, 수용적이고 호기심이 강하며 감정에 민감한 성질을 가리킨다. 이 성질을 가진 사람은 새로운 것을 좋아하고 창조성이 높은 아이디어를 쉽게 떠올린다는 것이 밝혀졌다.

레이던대학교 등의 조사에서도 결과는 마찬가지로 관상처럼 정신의 움직임을 계속해서 바라보는 훈련을 행한 참가자는 초심자 그룹보다도 창조성 테스트의 결과가 좋았다고 한다.[11] 관상을 올바르게 하기 위해서는 정신을 자유롭게 내버려둬야 하기 때문에 그 과정에서 생각도 하지 못한 발상이 탄생하기 쉬운 것으로 보인다.

4. 휴머니즘의 향상

휴머니즘은 자신이 원하는 것을 다른 사람에게도 나눠주는 태도를 가리킨다. 무아에 이른 사람일수록 이 태도를 강하게 가지고 있고, 자신과 의견이 다른 그룹에게도 너그러운 자세로 대하는 특징이 있다.

암스테르담자유대학교의 실험에 따르면 참가자가 겨우 5분의 관찰 훈련을 한 것만으로도 공감력과 타인의 감정을 꿰뚫어 보는 능력이 10~20퍼센트 범위에서 높아졌다고 한다.[12] 노스이스턴대학교의 실험에서도 하루에 20분의 관찰 훈련을 8주 동안 지속한 남녀는 아무것도 하지 않은 그룹과 비교하여 타인의 문제를 도와주거나 고민이 있는 사람들의 이야기를 들어주는 등 이타적인 행동의 양이 500퍼센트나

증가했다.[13]

이 정도의 변화가 일어나는 이유는 아직 확실히 모르지만, 많은 연구자는 참가자가 무아에 가까워진 덕분에 자신과 타인의 경계가 흐려지고 타인의 행복의 우선도가 증가했을 것으로 보고 있다. 자세히 설명해보겠다.

애초에 우리의 자기에는 세상을 자신이 소속하는 것과 자신이 소속하지 않는 것의 두 종류로 나누는 성질이 있다. 자신의 물건과 타인의 물건, 자신과 사이가 좋은 사람과 사이가 나쁜 사람, 자신이 소속된 그룹과 소속되지 않은 그룹 같은 식이다.

구체적인 예를 들어보자. 차별 연구로 유명한 라사나 해리스가 참가자에게 다양한 계급에 소속하는 사람의 사진을 보여준 뒤에 전원의 뇌가 어떤 반응을 하는지 조사하는 실험을 했다.[14] 그 실험을 통해 평범한 비즈니스맨과 학생의 사진에는 대다수가 뇌의 내측 전전두엽이 활성화되는 반면 노숙자나 가난한 사람의 사진에는 반응이 일어나지 않는다는 사실이 밝혀졌다. 내측 전전두엽은 공감력에 관련된 정보를 처리하는 영역으로 우리와 관계가 없다고 판단한 것에는 반응을 하지 않는 성질이 있다. 요약하면 인간의 뇌는 자신이 속하지 않는다고 판단한 인간을 물건처럼 처리하는 것이다.

그런데 무아에 이른 인간의 뇌는 애초에 자기가 없기 때문에 세계를 자기와 그 이외로 나누지 않는다. 그렇게 자신과 타인의 구별이 사라져 하나가 된 것 같은 감각을 느끼고 거기에 커다란 안정감과 휴머니즘이 싹튼다. 자타의 구별이 사라지면 모든 것이 자신에 소속되는 것으로 변하고 나에게 위협을 주는 외부의 적은 사라지기 때문이다.

그런 의미에서 무아란 자기의 관할 영역이 무한하게 확대되어 세계를 집어삼킨 상태라고도 표현할 수 있다. 보리달마가 말한 마음이 경치를 품는다는 것과 세계를 파악하는 방식이 비슷하다.

3 ————— 무아란 갖가지 욕망을 버리는 것이 아니다

타인에게 너그럽고 판단력이 뛰어나며 높은 행복감을 계속 유지한다. 이렇게 보면 무아가 결코 특별한 인간의 존재 방식이 아니라는 걸 알 수 있다. 자기가 사라졌다고 해도 다양한 사물로부터 초연한 신선이 되는 것이 아니고, 모든 문제를 순식간에 해결하는 초인으로 다시 태어나는 것도 아니다.

이 사실은 중국 남송시대의 선불교 서적 『오등회원五燈會元』에 나오는 유명한 이야기에서도 볼 수 있다.

옛날 한 노파가 승려 한 명을 별채에서 살게 하며 불도 수행을 도와주기 시작했다. 노파는 20년 동안 승려가 의식주를 해결할 수 있도록 하나하나 세심히 챙겨주었다. 어느 날 승려가 어떤 경지에 다다랐는지 알고 싶어진 노파는 시중을 드는 젊은 여자에게 별채의 스님을 유혹하라고 지시했다. 지시를 받은 대로 안기려는 여자에게 승려는 동요하지 않고 대답했다.

"고목의한암 삼동무난기^{枯木依寒巖 三冬無暖氣, 마른 나무가 차가운 바위에 기대니 한겨울에 따뜻한 온기가 없다."}

이를 듣고 역시 오랜 수행을 견뎌낸 승려의 경지라고 노파가 칭찬할 줄 알았는데 그렇지 않았다. 저런 속물에게 20년이나 허비했다고 격분하며 그 자리에서 승려를 내쫓고 별채를 불태워버렸다.

이 이야기가 시사하는 것은 참된 무아에 이른 자는 온갖 욕망을 버리고 속세를 떠난 존재가 아니라는 점이다. 워털루대학교의 이고르 그로스먼은 일반적인 남녀 160명의 지혜를 조사한 연구에서 다음과 같은 사실을 알아냈다.[15]

- 어떤 사람이라도 반드시 지혜가 충만한 행동을 하는 상황은 존재한다.
- 어떤 상황에서는 지혜가 풍부한 사람이라도 다른 상황에서는 잘못된 행동을 취한다.

예상외의 결론은 아니다. 예를 들어 자신에게 일어난 문제에는 아무것도 하지 못하지만 친구의 고민에는 가장 적절한 답을 떠올리는 사람은 얼마든지 있다. 사적인 문제는 많이 일으켜도 회사에서는 적확한 지시를 내리는 사람도 많을 것이다. 사람에 따라서는 자기가 발동하기 쉬운 조건이 크게 다르기 때문에 지혜의 발동률에 차이가 나는 것은 어쩔 수 없는 일이다.

다시 말해 무아에 의해 일어나는 변화란 고승이나 신선만이 얻을 수 있는 특별한 경지가 아니라 모든 인간이 태어날 때부터 가지고 있는 선한 힘이 높아진 것이라고 말할 수 있다. 자기가 사라지는 것으로 일그러진 사고와 감정의 멍에에서 벗어나 이성, 공감, 판단 등의 능력을 충분히 발휘할 수 있게 되는 상태이다.

4 ——————— 무아가 가져다주는
세계관의 변화 세 가지

마지막으로 무아에 도달한 사람이 가진 세계관의 변화를 나름대로 정리해보았다. 포인트는 세 가지이다.

첫 번째로 무아는 우리를 영원한 초심자로 바꾼다. 우리가 과거의 경험과 타인의 의견을 뇌에 남겨두며 그 정보를 바탕으로 일상생활을 하는 것은 악법의 장에서 본 내용대로이다. 이 시스템 덕분에 우리는 효율적으로 일상적인 일을 해나갈 수 있지만, 한편으로는 많은 사람을 괴롭히는 저주가 되기도 한다. '현실은 이럴 것이다'라는 예측이나 '현실은 이래야만 한다'라는 확신 때문에 새로운 시점과 참신한 아이디어 등의 중요한 정보를 놓치기 때문이다.

그런데 자기가 진정된 후에는 뇌 안에 나타나는 사고와 감정에서 거리를 둘 수 있게 되기 때문에 예측과 확신에 쉽게 휩쓸리지 않을 뿐만 아니라 누군가의 배신에 실망하거나 실패의 좌절감에 큰 타격을 입지도 않는다. 그뿐만 아니라 지식과 경험의 속박에 사로잡히지 않기 때문에 익숙한 사물에도 호기심과 놀라움을 느낄 수 있게 되고, 사물을 신선한 눈으로 바라보는 시점을 갖추게 된다.

물론 과거 경험을 바탕으로 미래를 예상하는 것이 무의미하다든가 실패를 반성하지 않는 것이 옳다고 말하려는 것은 아니다. 무아가 만들어낸 초심자의 감각은 다양한 가능성을 열어주어 일상의 사소한 일에도 최상의 달콤한 맛을 느낄 수 있는 정신력을 키워준다. 과거의 경험과 타인의 의견을 충분히 음미한 뒤에 그것이 올바르다면 순순히 채택하고, 틀렸다면 다른 길을 찾는 유연한 태도를 익히게 된다.

두 번째로 무아는 변화에 대해 무한한 수용력을 만들어낸다. 만물은 보편적으로 변하기 쉬운 것이 세상의 통례이다. 속마음까지 아는 친구라도 언제 사이가 틀어질지 모르고, 아무리 건강에 신경을 쓴다 해도 병이 날 가능성은 남아 있으며 아무리 주의해도 일이나 학습에 실패할 수 있다. 모든 사물은 무작위로 바뀌고 어떤 질서도 시간이 지나면 무너진다. 그렇기 때문에 인간의 뇌에는 변화를 싫어하는 심리가 갖춰져 있다. 변화에서 얻을 수 있는 이점이 상당히 크지 않은 한 우리의 뇌는 불안과 공포를 발생시켜 호기심을 억누르고 같은 상태를 유지하려고 한다.

그렇기는 하지만 미지의 정보를 받아들이지 않고 모르는 사람을 두려워하기만 해서는 성장이 멈춰버린다. 현실이 끊임없이 변화하는 가운데 계속 같은 지점에 멈춰 있으면 현상을 유지할 수 있을지조차 의심스럽다.

그런 점에서 무아의 정신은 변화를 무서워하지 않는 정신을 만들어준다. 무아에 도달하는 과정에서 키워진 항복 기술(211쪽)이 세상의 불확실성, 복잡성, 모호함을 마음으로 받아들여 눈앞의 변화는 정말로 피해야 할 것인지를 숙고하는 여유를 갖게 해주기 때문이다.

한없는 수용력을 익힌 사람은 변화와 함께 일어나는 불안, 공포, 분노에는 그저 항복의 태도를 취하고 부정적인 감정을 내버려둔 채 여러 가지 경험을 쌓음으로써 다채로운 사람들과 교류할 수 있게 된다. 그리고 세계의 변화는 가능성의 원천으로 바뀐다.

세 번째로 무아는 우리에게 압도적인 자유를 선사한다. 5장에서 설명한 것처럼 인간의 정신이란 다양한 자기, 감정, 사고가 어디선가 나타났다가 사라지는 장소 같은 존재이다. 그럼에도 우리는 자기를 절대적으로 필요한 존재라고 파악하여 뇌가 만들어낸 부정적인 이야기에도 의심조차 하려고 하지 않는다. 이것이 사람을 괴롭히는 기원이다. 생각할 것도 없이 여기에 참된 자유는 없다.

친구에게 부당한 비난을 받고 바로 화를 냈다고 해보자. 악담을 되돌려주는 것이 좋은 일인지 나쁜 일인지는 상황에 따라 다르겠지만, 어느 쪽이 되었든 그 행동이 상대의 행위에 반사적으로 일어났다는 점은 다르지 않다. 바꿔 말하면 그 반응은 상대의 말에 컨트롤되었을 뿐이고 전혀 다른 행동을 선택할 가능성을 스스로 포기한 것이나 마찬가지이다. 부정적인 사고와 감정에 따라 행동을 결정해버리는 상태는 자유롭지 않다고 할 수 있다.

그 점에서 무아에 도달한 사람은 불쾌한 사고와 감정에서 일단 거리를 두기 때문에 충동적인 반응이 정당한 것인가를 확인할 시간이 생긴다. 거기에 더해 외부의 컨트롤에 휘말리거나 행동의 선택지를 스스로 좁히는 일도 없다. 즉 진정한 자유는 자신과 자기의 사이에 생겨나는 것이다.

닫는 글

정신 수양에 빠뜨릴 수 없는 다섯 가지 포인트

이 책에서 설명한 정신 수양의 기법은 프롤로그에서 에필로그까지 차례대로 읽으면 더욱 깊이 이해할 수 있도록 배치했다. 하지만 우리를 고민하게 만드는 이야기의 종류는 천차만별이고, 무아에 도달하는 경로도 똑같지 않다. 그렇기 때문에 모든 기법을 잘 활용하기 위해서는 어느 정도의 가이드라인이 있는 편이 쉬울 것이다. 실제 훈련을 할 때는 다음 다섯 가지 포인트에 유의하자.

1. 자신에게 적절한 방법을 찾는다

몇 번이고 이야기한 것처럼 우리의 정신 기능은 사람마다 다르기 때문에 자라온 환경과 라이프스타일에 따라 최적의 훈련법은 달라진다. 예를 들어 일그러진 이야기의 악영향이 강한 사람은 결계를 철저하게 하는 것부터 시작하는 편이 좋고, 자의식과잉으로 괴로운 사람이라면 무아의 연기성과 초월성 훈련을 중심으로 해야 하며, 완벽주의 때문에 소모된 경우에는 항복 훈련을 우선하여 진행하는 것이 효과적이다. 또 이유 없는 불안에 휘둘린다거나 어쩐지 행복을 느끼지 못하는 등 괴로움의 원인을 확실하게 특정할 수 없는 경우에는 우선 자신을 괴롭히는 악법의 정체를 추궁해본다.

만약 최적의 방법을 찾을 수 없을 때에는 6장에서 소개한 정지와 관찰의 성과를 좌우하는 5대 요소를 다시 읽어보고 지금 자신에게 부족한 것은 무엇인지 생각하면서 3장부터 6장까지의 내용 중에서 적절할 것 같은 방법을 선택한다. 그래도 적당한 것을 고르지 못할 때에는 작무(247쪽)나 지상(249쪽) 중 하나를 시도해보는 것이 무난하다.

2. 정지에서 관찰의 순서로 진행한다

두 번째로 중요한 것은 무아의 훈련을 막 시작했다면 우선 정지의 기술부터 익히는 것이 좋다는 점이다. 평소 우리는 뇌 안의 이야기를 현실로 받아들이고 있기 때문에 정신의 움직임을 관찰하는 감각에 익숙하지 않다. 그렇기에 처음에는 지상이나 어상(253쪽)의 훈련으로 정지의 기술을 높인 후에 관상(255쪽)이나 외경행(261쪽) 같은 관찰 훈련을 진행하는 편이 효과적이다.

또한 아마도 많은 사람에게 가장 난이도가 높은 것이 관상일 것이다. 관찰 감각을 익히는 데에는 가장 좋은 훈련이지만 의식이 떠도는 모습을 그저 바라보는 능력을 키우기 위해서는 상당한 시간이 걸린다. 관상에 지나치게 집착하지 말고 때로는 자경행이나 외경행을 섞어가면서 장기전을 염두에 두고 훈련을 진행하길 바란다.

3. 심각한 문제에서는 도망친다

만약 지금 자신이 심각한 문제로 고민하고 있다면 정신 훈련 같은 걸 하고 있을 때가 아니다. 예를 들어 사기를 당했다거나, 누군가에게 위협받고 있다거나, 성적인 피해를 입었다거나, 가족에게 폭력을 당한 사태에 휘말렸다면 바로 현재 상황에서 도망쳐 나와 믿을 수 있는 기관이나 친구의 도움을 받아야 한다.

무엇보다 중요한 것은 제일 먼저 자기 몸의 안전을 확보하는 것이다. 정신 수양은 그 후에 시작해도 늦지 않다.

4. 행복에도 항복한다

행복에도 항복한다는 것 역시 중요한 포인트이다. 어떤 훈련을 하더라도 그 훈련을 통해 분명히 행복해질 것이라거나, 의사결정력을 높여야겠다는 생각 등을 하지 않고 그저 담담하게 해야 할 일에 임하자.

역설적으로 들릴지 모르겠지만 최근 연구에서는 행복을 좇을수록 실제로는 행복도가 낮아지는 현상이 몇 번이고 확인되고 있다. 예를 들어 덴버대학교 등의 2011년 연구에서는 참가자에게 평소 어느 정도 행복을 중요하게 생각하고 있는지 물어본 후 과거 18개월 동안 겪었던 스트레스와 비교했다. 그러자 행복을 중요하게 여기는 사람일수록 인생의 만족도가 낮고, 반대로 스트레스는 높은 경향을 보였다.[16] 또 다른 연구에서도 320명의 남녀에게 몇 주 동안에 걸쳐 일기를 쓰게 한 결과 행복감을 중요하게 여기는 사람일수록 고독감을 느끼기 쉽고 우울증이 생길 확률도 높은 경향이 나타났다.[17]

이런 현상이 일어나는 것은 19세기 철학자 존 스튜어트 밀이 지적한 대로, 행복을 직접적인 목적으로 하지 않는 경우에는 오히려 그 목적이 달성된다는 메커니즘이 인간 내부에 존재하기 때문이다. 그도 그럴 것이 항상 행복한 것만을 신경 쓴다면 '나는 이상적인 상태보다 행복할 수 있을까?', '옛날보다 불행해진 것은 아닐까?' 같은 의구심이 생겨 항상 의식이 자기를 향하게 되기 때문이다. 행복을 원하는 것 자체가 우리를 자기초점(57쪽)의 함정으로 끌어들이는 것이다.

다만 오해하지 말았으면 하는 것은, 행복을 추구하는 것이 결코 나쁜 것은 아니라는 점이다. 인생에 만족하고 싶은 기분은 생체적으로 자연스러운 것이고, 그 자체는 선도 악도 아니다. 만약 훈련 중에 자신의 행복에 의식이 향한다면 238쪽에서 본 관찰의 감각을 떠올리며 그 기분도 관찰 대상으로 삼는다. '또 행복을 추구하고 있다'는 식으로 행복을 향한 탐구심도 하나의 이야기로 취급한다.

5. 오후수행을 계속한다

오후수행悟後修行은 선불교계에서 사용하는 말로, 생애에 걸쳐 정신 수양을 계속하는 자세를 가리킨다. 이 책에서 소개한 훈련들을 통해 개선이 되었다고 해도 거기에서 멈추지 않고 같은 작업을 계속하는 것이 중요하다.

수행에서 꾸준함이 가장 중요한 이유는 항상성 기능 때문이다. 2장에서도 본 것처럼 항상성이란 마음과 신체를 항상 일정한 상태로 유지하는 메커니즘을 의미한다. 인간이 살아남기 위해서는 꼭 필요한 작용 중 하나로, 이 기능 덕분에 우리는 외부 세계의 변화에 대응할 수 있다.

하지만 항상성이 문제가 되기도 하는데, 이런 생명의 안정을 유지하는 작용이 우리 정신을 계속해서 과거로 되돌리기 때문이다. 우리가 세계의 변화를 지각할 때마다 인체는 위협을 느끼고 항상성을 가동시켜 익숙한 이야기에 매달리려고 한다. 이것은 유전자에 새겨진 생체의 유지 기능이기 때문에 발현 자체를 멈추게 할 수는 없으므로 우리는 항상 과거로 돌아가려는 작용을 하는 뇌를 계속해서 달랠 수밖에 없다.

우리가 사라진 것은
지금 시작된 일이 아니다

수행을 평생 해야 한다는 말을 듣고 낙담한 사람도 있을지 모르겠다. 성가신 정신 수양을 영원히 계속하는 것이 아니라 전원의 스위치를 켜고 끄는 것처럼 자기를 자유롭게 켜고 끌 수 있다면 좋겠다고 생각하는 것이 평범한 반응일 것이다.

하지만 이 세계에 유일하게 불변하는 것은 모든 것이 계속해서 변한다는 사실뿐이기 때문에 정신이 과거로 돌아가는 것은 어떻게든 피해야만 한다. 지금 우리가 할 수 있는 일은 세상의 변화에 저항하거나 변화에 복종하는 것이 아니라 정지와 관찰을 반복하는 것뿐이다.

6장에서 언급한 혼령에 신체를 잡아먹힌 남자의 이야기를 떠올려보자. 사실 이 이야기에는 이어지는 이야기가 있다. 자신의 육체가 시체와 뒤바뀐 여행자는 황급히 승려를 찾아가서 이렇게 묻는다.

"지금 살아 있는 나는 정말로 나인 걸까요?"

이 질문에 대해 승려는 이렇게 대답한다.

"당신이 사라진 것은 지금 시작된 일이 아닙니다."

가장 중요한 것은 이야기가 괴로움을 만들어내는 메커니즘을 이해한 후에, 나는 생명의 유지 기능이 작동하며 켜졌다 꺼졌다 하는 존재라는 감각을 계속 기르는 일이다. 이 점만 항상 기억한다면 우리는 길을 헤매지 않고 나아갈 수 있을 것이다.

여는 글

1. Robert L. Leahy. The Worry Cure: Seven Steps to Stop Worry from Stopping You(2005) ISBN 9781400097661

2. 내각부(2019) 「국내와 해외 각국 젊은이의 의식에 관한 조사我が国と諸外国の若者の意識に関する調査」

3. 후생노동성(2020) 「2020년판 자살대책 백서令和2年版自殺対策白書」

4. Kessler RC, Angermeyer M, Anthony JC, et al. Lifetime prevalence and age-of-onset distributions of mental disorders in the World Health Organization's World Mental Health Survey Initiative. World Psychiatry. 2007;6(3):168-176.

프롤로그 고苦

1. Rozin, Paul; Royzman, Edward B. (2001). "Negativity bias, negativity dominance, and contagion". Personality and Social Psychology Review. 5 (4): 296-320.

2. Sabey CV, Charlton C, Charlton SR. The "Magic" Positive-to-Negative Interaction Ratio: Benefits, Applications, Cautions, and Recommendations. Journal of Emotional and Behavioral Disorders. 2019;27(3):154-164.

doi:10.1177/1063426618763106

3. Kuhlmeier V, Wynn K, Bloom P. Attribution of dispositional states by 12-month-olds. Psychol Sci. 2003 Sep;14(5):402-8. doi: 10.1111/1467-9280.01454. PMID:12930468.

4. Myers DG, Diener E. The Scientific Pursuit of Happiness. Perspectives on Psychological Science. 2018;13(2):218-225. doi:10.1177/1745691618765171

5. Brickman P, Coates D, Janoff-Bulman R. Lottery winners and accident victims: is happiness relative? J Pers Soc Psychol. 1978 Aug;36(8):917-27. doi:10.1037//0022-3514.36.8.917. PMID: 690806.

6. Diener E, Lucas RE, Scollon CN. Beyond the hedonic treadmill: revising the adaptation theory of well-being. Am Psychol. 2006 May-Jun;61(4):305-14. doi:10.1037/0003-066X.61.4.305. PMID: 16719675.

7. Vaish A, Grossmann T, Woodward A. Not all emotions are created equal: the negativity bias in social-emotional development. Psychol Bull. 2008;134(3):383-403. doi:10.1037/0033-2909.134.3.383

8. Vosoughi S, Roy D, Aral S. The spread of true and false news online. Science. 2018 Mar 9;359(6380):1146-1151. doi: 10.1126/science.aap9559. PMID: 29590045.

9. Manuela Barreto, Christina Victor, Claudia Hammond, Alice Eccles, Matt T. Richins, Pamela Qualter. Loneliness around the world: Age, gender, and cultural differences in loneliness. Personality and Individual Differences, 2020; 110066 DOI: 10.1016/j.paid.2020.110066

10. United Nations (2013) Child well-being in rich countries: A comparative overview(Innocenti Report Card). United Nations Pubns. ISBN-10: 8865220163

11. Ruscio AM, Hallion LS, Lim CCW, et al. Cross-sectional Comparison of the Epidemiology of DSM-5 Generalized Anxiety Disorder Across the Globe. JAMA Psychiatry. 2017;74(5):465-475. doi:10.1001/

jamapsychiatry.2017.0056

12. Smith MM, Sherry SB, Vidovic V, Saklofske DH, Stoeber J, Benoit A. Perfectionism and the Five-Factor Model of Personality: A Meta-Analytic Review. New Media & Society. 2019;23(4):1508-1527. doi:10.1177/1461444814562162

13. Smith MM, Sherry SB, Chen S, Saklofske DH, Mushquash C, Flett GL, Hewitt PL. The perniciousness of perfectionism: A meta-analytic review of the perfectionismsuicide relationship. J Pers. 2018 Jun;86(3):522-542. doi: 10.1111/jopy.12333. Epub 2017 Sep 4. PMID: 28734118.

1장 자기自己

1. Hayashi M, Sakuraba Y, Watanabe S, Kaneko A, Matsuzawa T (2013) Behavioral recovery from tetraparesis in a captive chimpanzee Primates, Volume 54, Issue 3, pp 237-243. https://dx.doi.org/10.1007/s10329-013-0358-2

2. Gregory Berns (2017) What It's Like to Be a Dog: And Other Adventures in Animal Neuroscience. Basic Books. ISBN-13 9781541672994

3. Marc Bekoff. (2013) Why Dogs Hump and Bees Get Depressed: The Fascinating Science of Animal Intelligence, Emotions, Friendship, and Conservation.New World Library. ISBN-10: 1608682196

4. Kovács LN, Takacs ZK, Tóth Z, Simon E, Schmelowszky Á, Kökönyei G. Rumination in major depressive and bipolar disorder-a meta-analysis. J Affect Disord. 2020 Nov 1;276:1131-1141. doi: 10.1016/j.jad.2020.07.131. Epub 2020 Jul 31. PMID: 32777651.

5. Skorka-Brown J, Andrade J, May J. Playing 'Tetris' reduces the strength, frequency and vividness of naturally occurring cravings. Appetite. 2014 May;76:161-5. doi:10.1016/j.appet.2014.01.073. Epub 2014 Feb 5. PMID: 24508486.

6. Sakamoto, S. (2000). SELF-FOCUS AND DEPRESSION: THE THREE-PHASE MODEL. Behavioural and Cognitive Psychotherapy, 28, 45-61.

7. Skowronski, J.J., & Sedikides, C. (2019). On the evolution of the human self: A data-driven review and reconsideration. Self and Identity, 18, 21-4.

8. The Social Brain: Mind, Language, and Society in Evolutionary Perspective. R.I.M. Dunbar.Annual Review of Anthropology 2003 32:1, 163-181.

9. Leary, Mark & Buttermore, Nicole. (2003). The Evolution of the Human Self: Tracing the Natural History of Self-Awareness. Journal for the Theory of Social Behaviour. 33. 365-404. 10.1046/j.1468-5914.2003.00223.x.

10. Klein SB, Gangi CE. The multiplicity of self: neuropsychological evidence and its implications for the self as a construct in psychological research. Ann N Y Acad Sci. 2010 Mar;1191:1-15. doi: 10.1111/j.1749-6632.2010.05441. x. PMID: 20392272.

11. Rick Hanson (2009) Buddha's Brain: The Practical Neuroscience of Happiness, Love, and Wisdom. New Harbinger Publications. ISBN13: 9781491518663

2장 허구虛構

1. Mareike B. Wieth & Rose T. Zacks (2011) Time of day effects on problem solving: When the non-optimal is optimal, Thinking & Reasoning, 17:4, 387-401, DOI:10.1080/13546783.2011.625663

2. Chris Argyris (1982) Reasoning, Learning, and Action: Individual and Organizational (JOSSEY BASS SOCIAL AND BEHAVIORAL SCIENCE SERIES). Jossey-Bass. ISBN-10: 0875895247

3. Caputo, Giovanni. (2010). Strange-Face-in-the-Mirror Illusion. Perception. 39. 1007-8. 10.1068/p6466.

4. Johansson P, Hall L, Sikström S, Olsson A. Failure to detect mismatches between intention and outcome in a simple decision task. Science. 2005 Oct 7;310(5745):116-9. doi: 10.1126/science.1111709. PMID: 16210542.

5. Boon, Julian & Davies, Graham. (2011). Extra-stimulus influences on eyewitness perception and recall: Hastorf and Cantril revisited. Legal

and Criminological Psychology. 1. 155-164. 10.1111/j.2044-8333.1996.
tb00315.x.

6. John C. Maxwell (1989) Be a People Person: Effective Leadership Through
Effective Relationships.WordAlive Publishers Limited and Worldreader.
ISBN-10: 0781448433

3장 결계結界

1. Frank Larøi, Tanya Marie Luhrmann, Vaughan Bell, William A. Christian, Jr, Smita
Deshpande, Charles Fernyhough, Janis Jenkins, Angela Woods, Culture
and Hallucinations: Overview and Future Directions, Schizophrenia
Bulletin, Volume 40, Issue Suppl_4, July 2014, Pages S213-S220, https://
doi.org/10.1093/schbul/sbu012

2. Jenkins JH. Conceptions of schizophrenia as a problem of nerves:
a cross-cultural comparison of Mexican-Americans and
Anglo-Americans. Soc Sci Med. 1988;26(12):1233-43. doi:
10.1016/0277-9536(88)90155-4. PMID: 3206245.

3. Jerry Mitchell & Arlyn D. Vierkant (1989) Delusions and Hallucinations as a
Reflection of the Subcultural Milieu Among Psychotic Patients of the
1930s and 1980s, The Journal of Psychology, 123:3, 269-274, DOI:
10.1080/00223980.1989.10542981

4. Hartogsohn, Ido. (2017). Constructing drug effects: A history of set and
setting. Drug Science, Policy and Law. 3. 205032451668332.
10.1177/2050324516683325.

5. Petersen, Gitte & Finnerup, Nanna & Colloca, Luana & Amanzio, Martina &
Price, Donald & Jensen, Troels & Vase, Lene. (2014). The magnitude
of nocebo effects in pain: A meta-analysis. Pain. 155. 10.1016/
j.pain.2014.04.016.

6. Kam-Hansen S, Jakubowski M, Kelley JM, Kirsch I, Hoaglin DC, Kaptchuk TJ,

Burstein R. Altered placebo and drug labeling changes the outcome of episodic migraine attacks. Sci Transl Med. 2014 Jan 8;6(218):218ra5. doi: 10.1126/scitranslmed.3006175. PMID: 24401940; PMCID: PMC4005597.

7. Kashdan, Todd & Barrett, Lisa & Mcknight, Patrick. (2015). Unpacking Emotion Differentiation. Current Directions in Psychological Science. 24. 10–16. 10.1177/0963721414550708.

8. Sugawara, A., Terasawa, Y., Katsunuma, R. et al. Effects of interoceptive training on decision making, anxiety, and somatic symptoms. BioPsychoSocial Med 14, 7(2020). https://doi.org/10.1186/s13030-020-00179-7

9. Cynthia J. Price, Elaine A. Thompson, Sheila E. Crowell, Kenneth Pike, Sunny C. Cheng, Sara Parent & Carole Hooven (2019) Immediate effects of interoceptive awareness training through Mindful Awareness in Body-oriented Therapy (MABT) for women in substance use disorder treatment, Substance Abuse, 40:1, 102–115, DOI: 10.1080/08897077.2018.1488335

10. Dunn, B. D., Dalgleish, T., Ogilvie, A. D., & Lawrence, A. D. (2007). Heartbeat perception in depression. Behaviour Research and Therapy, 45(8), 1921–1930. https://doi.org/10.1016/j.brat.2006.09.008

11. Posner J, Russell JA, Peterson BS. The circumplex model of affect: an integrative approach to affective neuroscience, cognitive development, and psychopathology. Dev Psychopathol. 2005 Summer;17(3):715–34. doi: 10.1017/S0954579405050340. PMID: 16262989; PMCID: PMC2367156.

12. Barrett LF, Quigley KS, Bliss-Moreau E, Aronson KR. Interoceptive sensitivity and self-reports of emotional experience. J Pers Soc Psychol. 2004 Nov;87(5):684–97. doi: 10.1037/0022-3514.87.5.684. PMID: 15535779; PMCID: PMC1224728.

13. Lean, C., Leslie, M., Goodall,. E., McCauley, M., and Heays, D. (2019) Interoception Activity Guide 201, Department for Education, South

Australia.

14. Zope SA, Zope RA. Sudarshan kriya yoga: Breathing for health. Int J Yoga. 2013;6(1):4-10. doi:10.4103/0973-6131.105935

15. Judith S. Beck (2020) Cognitive Behavior Therapy, Third Edition: Basics and Beyond. The Guilford Press. ISBN-13:978-1462544196

16. Holt-Lunstad J, Smith TB, Layton JB. Social relationships and mortality risk: A meta-analytic review. PLoS Medicine 2010;7(7): e1000316.

17. Lisa M. Najavits (2019) Finding Your Best Self, Revised Edition: Recovery from Addiction, Trauma, or Both. The Guilford Press. ISBN-13:9781462539895

4장 악법惡法

1. 이시이 교지 현대문 역, 도겐 (1996) 『정법안장正法眼蔵』 가와데쇼보신샤 ISBN-10:4309710719

2. Max Roser and Esteban Ortiz-Ospina (2013) - "Global Extreme Poverty". Published online at OurWorldInData.org. Retrieved from: 'https://ourworldindata.org/extreme-poverty' Online Resource.

3. Young, Jeffrey E; Klosko, Janet S; Weishaar, Marjorie E (2003). Schema therapy: a practitioner's guide. New York: Guilford Press. ISBN 9781593853723. OCLC51053419

4. Pozza, A., Albert, U. & Dèttore, D. Early maladaptive schemas as common and specific predictors of skin picking subtypes. BMC Psychol 8, 27(2020). https://doi.org/10.1186/s40359-020-0392-y

5장 항복降伏

1. Don't Sleep, There are Snakes: Life and Language in the Amazonian Jungle (2008). Pantheon Books, New York. ISBN-13:9781846680304

2. Ivanova, Elena & Jensen, Dennis & Cassoff, Jamie & Gu, Fei & Knäuper, Bärbel. (2015). Acceptance and Commitment Therapy Improves Exercise

Tolerance in Sedentary Women. Medicine and science in sports and exercise. 47. 1251-1258. 10.1249/MSS.0000000000000536.

3. Masedo, Ana & Esteve, Rosa. (2007). Effects of suppression, acceptance and spontaneous coping on pain tolerance, pain intensity and distress. Behaviour research and therapy. 45. 199-209. 10.1016/j.brat.2006.02.006.

4. Campbell-Sills L, Barlow DH, Brown TA, Hofmann SG. Effects of suppression and acceptance on emotional responses of individuals with anxiety and mood disorders. Behav Res Ther. 2006 Sep;44(9):1251-63. doi: 10.1016/j.brat.2005.10.001. Epub 2005 Nov 21. PMID: 16300723.

5. Shinzen Young (2016) The Science of Enlightenment: How Meditation Works. Sounds True. ISBN-13:978-1683642121

6. Marcks BA, Woods DW. A comparison of thought suppression to an acceptance-based technique in the management of personal intrusive thoughts: a controlled evaluation. Behav Res Ther. 2005 Apr;43(4):433-45. doi: 10.1016/j.brat.2004.03.005. PMID: 15701355.

7. Soo Kim, David Gal, From Compensatory Consumption to Adaptive Consumption: The Role of Self-Acceptance in Resolving Self-Deficits, Journal of Consumer Research, Volume 41, Issue 2, 1 August 2014, Pages 526-542, https://doi.org/10.1086/676681

8. Ford, B. Q., Lam, P., John, O. P., & Mauss, I. B. (2018). The psychological health benefits of accepting negative emotions and thoughts: Laboratory, diary, and longitudinal evidence. Journal of Personality and Social Psychology, 115(6), 1075-1092. https://doi.org/10.1037/pspp0000157

9. Jill A Stoddard (2014) The Big Book of ACT Metaphors: A Practitioner's Guide to Experiential Exercises and Metaphors in Acceptance and Commitment Therapy. New Harbinger Publications. ISBN:9781608825295

10. Kristin Neff , Christopher Germer (2018) The Mindful Self-Compassion Workbook: A Proven Way to Accept Yourself, Build Inner Strength, and

Thrive.Guilford Press. ISBN-10: 1462526780

11. Kravchenko, Alexander. (2019). How exotic is the "immediacy of experience principle" in Pirahã?. Sibirskiy filologicheskiy zhurnal. 2019. 148–160.10.17223/18137083/66/13.

6장 무아無我

1. 니시무라 에신 현대문 역 (1994)『무문관無門関』이와나미쇼텐 ISBN-10: 4003331214/ISBN-13: 978-4003331217

2. Brosziewski A., Maeder C. (2010) Lernen in der Be-Sprechung des Körpers. In: Honer A., Meuser M., Pfadenhauer M. (eds) Fragile Sozialität. VS Verlag für Sozialwissenschaften. https://doi.org/10.1007/978-3-531-92017-7_28

3. Kono T, Satomi M, Suno M, et al. Oxaliplatin-induced neurotoxicity involves TRPM8 in the mechanism of acute hypersensitivity to cold sensation. Brain Behav. 2012;2[1]:68-73. doi:10.1002/brb3.34

4. Farb NA, Segal ZV, Mayberg H, et al. Attending to the present: mindfulness meditation reveals distinct neural modes of self-reference. Soc Cogn Affect Neurosci. 2007;2[4]:313-322. doi:10.1093/scan/nsm030

5. Michael Pollan (2019) How to Change Your Mind: The New Science of Psychedelics. Penguin Press. ISBN-13: 978-0141985138

6. Zhou, Hui-Xia & Chen, Xiao & Shen, Yang-Qian & Li, Le & Chen, Ning-Xuan & Zhu, Zhi-Chen & Castellanos, Francisco. (2019). Rumination and the default mode network: Meta-analysis of brain imaging studies and implications for depression. NeuroImage. 206. 116287. 10.1016/j.neuroimage.2019.116287.

7. Elizabeth Hellmuth Margulis (2013) On Repeat: How Music Plays the Mind. Oxford University Press. ISBN: 9780199990825

8. Maddalena Boccia, Laura Piccardi, Paola Guariglia, "The Meditative Mind:

A Comprehensive Meta-Analysis of MRI Studies", BioMed Research International, vol. 2015, Article ID 419808, 11pages, 2015. https://doi.org/10.1155/2015/419808

9. Hafenbrack, Andrew & Vohs, Kathleen. (2018). Mindfulness Meditation Impairs Task Motivation but Not Performance. Organizational Behavior and Human Decision Processes. 147. 10.1016/j.obhdp.2018.05.001.

10. Britton, Willoughby. (2019). Can Mindfulness Be Too Much of a Good Thing? The Value of a Middle Way. Current Opinion in Psychology. 28. 10.1016/j.copsyc.2018.12.011.

11. Michael Poulin, Lauren Ministero, Shira Gabriel, Carrie Morrison, Esha Naidu. Minding your own business? Mindfulness decreases prosocial behavior for those with independent self-construals. Psychological Science (forthcoming), 2021 DOI: 10.31234/osf.io/xhyua

12. Gebauer JE, Nehrlich AD, Stahlberg D, Sedikides C, Hackenschmidt A, Schick D, Stegmaier CA, Windfelder CC, Bruk A, Mander J. Mind-Body Practices and the Self: Yoga and Meditation Do Not Quiet the Ego but Instead Boost Self-Enhancement. Psychol Sci. 2018 Aug;29(8):1299-1308. doi: 10.1177/0956797618764621. Epub 2018 Jun 22. PMID: 29932807.

13. 하쿠인 에카쿠, 요시자와 가쓰히로 (2000) 『야선한화 하쿠인 선사 법어 전집 夜船閑話-白隱禅師法語全集』 선문화연구소

14. Sethi S, Bhargava SC. Relationship of meditation and psychosis: case studies. Aust N Z J Psychiatry. 2003 Jun;37(3):382. doi: 10.1046/j.1440-1614.2003.11721.x. PMID: 12780479.

15. https://www.oxfordmindfulness.org

16. Schlosser M, Sparby T, Vörös S, Jones R, Marchant NL. Unpleasant meditation -related experiences in regular meditators: Prevalence, predictors, and conceptual considerations. PLoS One. 2019 May 9;14(5):e0216643. doi: 10.1371/journal.pone.0216643. PMID: 31071152;

PMCID: PMC6508707.

17. Hanley, A.W., Warner, A.R., Dehili, V.M. et al. Washing Dishes to Wash the Dishes: Brief Instruction in an Informal Mindfulness Practice. Mindfulness 6, 1095–1103 (2015). https://doi.org/10.1007/s12671–014–0360–9

18. Lutz A, Slagter HA, Dunne JD, Davidson RJ. Attention regulation and monitoring in meditation. Trends Cogn Sci. 2008;12(4):163–169. doi:10.1016/j.tics.2008.01.005

19. Saltsman, Thomas & Seery, Mark & Ward, Deborah & Radsvick, Tracy & Panlilio, Zaviera & Lamarche, Veronica & Kondrak, Cheryl. (2020). Facing the Facets: No Association Between Dispositional Mindfulness Facets and Positive Momentary Stress Responses During Active Stressors. Personality and Social Psychology Bulletin. 10.1177/0146167220956898.

20. Gary P. Brown, David A. Clark (2015) Assessment in Cognitive Therapy. Guilford Press. ISBN–13: 978–1462518128

21. Chin B, Lindsay EK, Greco CM, Brown KW, Smyth JM, Wright AGC, Creswell JD. Psychological mechanisms driving stress resilience in mindfulness training: A randomized controlled trial. Health Psychol. 2019 Aug;38(8):759–768. doi: 10.1037/hea0000763. Epub 2019 May 23. PMID: 31120272; PMCID: PMC6681655.

22. Fujino, M., Ueda, Y., Mizuhara, H. et al. Open monitoring meditation reduces the involvement of brain regions related to memory function. Sci Rep 8, 9968 (2018). https://doi.org/10.1038/s41598–018–28274–4

23. Kok, Bethany & Singer, Tania. (2017). Phenomenological fingerprints of four meditations: Differential state changes in affect, mind–wandering, meta–cognition and interoception before and after daily practice across nine months of training.. Mindfulness. 8. 10.1007/s12671–016–0594–9.

24. Gentile, D.A., Sweet, D.M. & He, L. Caring for Others Cares for the Self:

An Experimental Test of Brief Downward Social Comparison, Loving-Kindness, and Interconnectedness Contemplations. J Happiness Stud 21, 765-778 (2020). https://doi.org/10.1007/s10902-019-00100-2

25. Piff, P. K., Dietze, P., Feinberg, M., Stancato, D. M., & Keltner, D. (2015). Awe, the small self, and prosocial behavior. Journal of Personality and Social Psychology, 108(6), 883-899. https://doi.org/10.1037/pspi0000018

26. Sturm, V. E., Datta, S., Roy, A. R. K., Sible, I. J., Kosik, E. L., Veziris, C. R., Chow, T. E., Morris, N. A., Neuhaus, J., Kramer, J. H., Miller, B. L., Holley, S. R., &Keltner, D. (2020). Big smile, small self: Awe walks promote prosocial positive emotions in older adults. Emotion. Advance online publication. https://doi.org/10.1037/emo0000876

27. 가와이 하야오 (2010)『융 심리학과 불교ユング心理学と仏教』이와나미쇼텐 ISBN-13:978-4006002244

에필로그 지혜智慧 ㅣ 닫는 글

1. 오타케 스스무 (2019)『'득도 체험'을 읽다: 대승불교로 각성한 사람들悟り体験を読む:大乗仏教で覚醒した人々』신초센쇼 ISBN-13:978-4106038495

2. 니시무라 에신 현대문 역『무문관無門関』이와나미쇼텐 ISBN-10:4003331214 / ISBN-13:978-4003331217

3. 아사히나 소겐 (1996)『불심佛心』슌주샤 ISBN-13:978-4393143537

4. 질 볼트 테일러 저, 다케우치 가오루 역 (2012)『기적의 뇌: 뇌과학자의 뇌가 망가졌을 때奇跡の脳: 脳科学者の脳が壊れたとき』신초분코 ISBN-13: 978-4102180211(영문 원제: My Stroke of Insight)

5. Meeks TW, Jeste DV. Neurobiology of wisdom: a literature overview. Arch Gen Psychiatry. 2009 Apr;66(4):355-65. doi:10.1001/archgenpsychiatry. 2009.8.PMID: 19349305; PMCID: PMC3698847.

6. Williams PB, Mangelsdorf HH, Kontra C, Nusbaum HC, Hoeckner B. The Relationship between Mental and Somatic Practices and Wisdom. PLoS

One. 2016 Feb 18;11(2):e0149369. doi: 10.1371/journal.pone.0149369. PMID: 26890493; PMCID: PMC4758644.

7. Van Gordon W, Shonin E, Dunn TJ, Sapthiang S, Kotera Y, Garcia-Campayo J, Sheffield D. Exploring Emptiness and its Effects on Non-attachment, Mystical Experiences, and Psycho-spiritual Wellbeing: A Quantitative and Qualitative Study of Advanced Meditators. Explore (NY). 2019 Jul-Aug;15(4):261-272. doi: 10.1016/j.explore.2018.12.003. Epub 2018 Dec 28. PMID: 30660506.

8. Karelaia, Natalia & Reb, Jochen. (2015). Improving decision making through mindfulness. 10.1017/CBO9781107587793.009.

9. Leary MR, Diebels KJ, Davisson EK, Jongman-Sereno KP, Isherwood JC, Raimi KT, Deffler SA, Hoyle RH. Cognitive and Interpersonal Features of Intellectual Humility. Pers Soc Psychol Bull. 2017 Jun;43(6):793-813. doi: 10.1177/0146167217697695. Epub 2017 Mar 17. PMID: 28903672.

10. van den Hurk, P.A.M., Wingens, T., Giommi, F. et al. On the Relationship Between the Practice of Mindfulness Meditation and Personality—an Exploratory Analysis of the Mediating Role of Mindfulness Skills. Mindfulness 2, 194-200 (2011). https://doi.org/10.1007/s12671-011-0060-7

11. Colzato, L.S., Szapora, A., Lippelt, D. et al. Prior Meditation Practice Modulates Performance and Strategy Use in Convergent-and Divergent-Thinking Problems. Mindfulness 8, 10-16 (2017). https://doi.org/10.1007/s12671-014-0352-9

12. Van Doesum NJ, Van Lange DA, Van Lange PA. Social mindfulness: skill and will to navigate the social world. J Pers Soc Psychol. 2013 Jul;105(1):86-103. doi: 10. 1037/a0032540. Epub 2013 May 6. PMID: 23647176.

13. Condon P, Desbordes G, Miller WB, DeSteno D. Meditation increases compassionate responses to suffering. Psychol Sci. 2013 Oct;24(10):2125-

7. doi: 10.1177/0956797613485603. Epub 2013 Aug 21. PMID: 23965376.

14. Harris, L.T. & Fiske, S.T. (2006) Dehumanizing the Lowest of the Low: Neuroimaging Responses to Extreme Out-Groups. Psychological Science, 17, 847-853.

15. Grossmann, Igor & Gerlach, Tanja & Denissen, Jaap. (2016). Wise Reasoning in the Face of Everyday Life Challenges. Social Psychological and Personality Science. 7. 10.1177/1948550616652206.

16. Mauss IB, Tamir M, Anderson CL, Savino NS. Can seeking happiness make people unhappy? corrected Paradoxical effects of valuing happiness published correction appears in Emotion. 2011 Aug;11(4):767. Emotion. 2011;11(4):807-815. doi:10.1037/a0022010

17. Mauss IB, Savino NS, Anderson CL, Weisbuch M, Tamir M, Laudenslager ML. The pursuit of happiness can be lonely. Emotion. 2012 Oct;12(5):908-12. doi: 10. 1037/a0025299. Epub 2011 Sep 12. PMID: 21910542.

무, 최고의 상태

초판 1쇄 2022년 4월 20일
초판 2쇄 2022년 12월 20일

지은이 | 스즈키 유
옮긴이 | 부윤아
펴낸이 | 송영석

주간 | 이혜진
기획편집 | 박신애 · 최예은 · 조아혜
디자인 | 박윤정 · 유보람
마케팅 | 김유종 · 한승민
관리 | 송우석 · 전지연 · 채경민

펴낸곳 | (株)해냄출판사
등록번호 | 제10-229호
등록일자 | 1988년 5월 11일(설립일자 1983년 6월 24일)

04042 서울 마포구 잔다리로 30 해냄빌딩 5 · 6층
대표전화 | 326-1600 **팩스** | 326-1624
홈페이지 | www.hainaim.com

ISBN 979-11-6714-032-6 03180